Ikaría

Cuisine et art de vivre
dans la zone bleue

Ikaría

MENI VALLE

PHOTOGRAPHIES : LEAN TIMMS

hachette
CUISINE

AVANT-PROPOS

Lors de mon séjour à Ikaría avec Meni, certains événements m'ont marquée à tout jamais.

Quand Meni s'est rendu compte qu'elle n'avait plus son porte-monnaie depuis que nous avions quitté la pharmacie du village d'Evdilos quelques heures plus tôt, nous avons très vite été immergées dans les pratiques locales. L'adorable vendeur de la boutique où nous nous trouvions a appelé la pharmacie, Meni a téléphoné à un ami – qui a à son tour passé quelques coups de fil pendant que nous remontions la route principale en toute hâte.

Nous avons été prises en stop presque aussitôt (une autre coutume de l'île) par une dame d'un certain âge accompagnée de sa petite-fille. Elles nous ont raconté leur journée, nous leur avons parlé de la nôtre – elles ne se faisaient aucune inquiétude quant au fait que Meni retrouverait son porte-monnaie. Lorsque nous sommes arrivées à notre destination, la jeune fille est sortie du véhicule pour voir ce qui provoquait le cliquetis que nous avions entendu durant tout le trajet. Elle a alors découvert qu'une énorme branche de sapin était accrochée au garde-boue. Notre conductrice a frappé dans ses mains avec l'incomparable joie de vivre grecque – *kefi* – et a déclaré que nous devions la décorer sur-le-champ !

Nous avons dégagé la branche et pris congé des deux femmes, l'esprit déjà bien plus léger.

Il ne nous restait plus qu'à attendre. Nous avons pris place sur la terrasse du restaurant, sous la vigne, et nous avons partagé un *briki* de vin glacé tout en regardant la mer miroitante. Peu après – presque comme par magie –, le porte-monnaie de Meni nous est parvenu par l'entremise du serveur. Il avait été déposé par la belle-sœur de l'ami de Meni, qui l'avait pris au passage à la pharmacie en sortant du travail.

Quand j'étais à Ikaría, j'ai à plusieurs reprises remarqué à quel point je me sentais ancrée et reliée à la terre. Peut-être était-ce dû à l'environnement minéral qui nourrit le sol ici – et aux fruits et légumes qui, à leur tour, nourrissent les habitants.

On dirait parfois que l'île s'est figée dans le temps, en une pause longue et belle qui ramène chacun à la puissance de la terre... On ressent cette impression en écoutant les histoires de bouteilles en cages plongées au fond de l'océan pour laisser le vin fermenter, ou en entendant le récit de patriarches ayant vécu jusqu'à cent dix-sept ans. Ikaría est un lieu où les gens arrosent leurs plantes en se levant le matin et qui, le soir après le dîner, vont rendre visite aux voisins chez qui ils voient une lumière encore allumée.

Meni a instinctivement adopté l'esprit de cette île rocailleuse de la zone bleue, dans la mer Égée. Riche de sa connaissance de la cuisine et de son amour pour l'histoire grecque, elle a patiemment réuni ici les histoires et les recettes collectées au cours de ses voyages à Ikaría.

Comme on peut l'imaginer, ces recettes sont dictées par les fruits et légumes de saison qui abondent dans les jardins de l'île – ramassés à la main et transportés dans des tabliers ou de petits récipients par les habitants. Rehaussés par des salades sauvages glanées dans la montagne, ces aliments simples donnent naissance à des plats iconiques, comme ce plat de légumes dont on laisse une part sur un coin de la cuisinière et qu'on peut savourer aussi bien chaud que froid, avec quelques cubes de feta et un généreux trait d'huile d'olive.

Au cours de notre bref séjour à Ikaría, nous avons dansé sur une table, bu du bon vin, cuisiné, ri et chanté – en confiance. Nous avons mangé de la glace au lait de chèvre et du miel riche et parfumé. Nous avons interrogé des gens de toutes les générations à propos de leurs recettes et de leur vie. Cela a été une joie immense pour moir que de passer du temps à Ikaría avec Meni – et maintenant de ressentir l'âme de l'île entre ces pages.

TESSA KIROS,
Autrice culinaire.

Sommaire

Ikaría, une nourriture pour l'âme | 9

La table d'Ikaría | 16

SALADES Salates | 21

ACCOMPAGNEMENTS Oretika | 41

LÉGUMES Lahanika | 61

LÉGUMINEUSES Ospria | 107

PÂTES, PAINS ET TARTES | 121
Zimarika, psomi kai pites

PRODUITS DE LA MER ET VIANDE | 151
Thalassina kai kreata

DOUCEURS SUCRÉES Glika | 177

INDEX | 202

REMERCIEMENTS | 206

À PROPOS DE L'AUTRICE | 207

IKARÍA, *une nourriture pour l'âme*

Lors de ma première visite à Ikaría, à peine étais-je sortie de l'avion que, déjà, je sentais dans l'air la magie de l'été grec et la promesse de belles journées de détente à venir.

Cette magnifique île grecque de la mer Égée doit son nom à Icare, le personnage de la mythologie dont on dit qu'il serait tombé dans les eaux proches de l'île lorsque ses ailes de cire ont fondu au soleil. Avec une population d'un peu moins de huit mille cinq cents habitants, c'est un paradis pour les amoureux de la nature. Des sentiers de randonnée serpentent entre les villages nichés sur la côte montagneuse, avec une mer cristalline en toile de fond.

J'ai entendu parler d'Ikaría pour la première fois en lisant un livre sur le régime méditerranéen. L'île est considérée comme une zone bleue : cette expression établie par les docteurs Michel Poulain et Gianni Pes désigne les régions du monde où résident les gens qui vivent le plus longtemps. Ikaría a éveillé ma curiosité et j'ai vite compris que le seul moyen de comprendre véritablement cette île, c'était de m'y rendre. Alors j'ai fait mes valises.

Ilias et Thea sont les propriétaires de l'auberge dans laquelle je me suis installée. En prenant mon café du matin, j'ai posé à Ilias les questions que tant d'autres lui avaient soumises avant moi : « À votre avis, quel est le secret de la longévité des habitants de l'île ? »

Il m'a répondu simplement : « Meni, ici, à Ikaría, nous ne cherchons pas à prolonger notre vie. Nous remplissons nos années de vie. Nous profitons de chaque instant. »

J'étais venue à Ikaría pour en apprendre davantage sur sa cuisine. Et j'en ai appris bien plus encore sur la joie.

La cuisine d'Ikaría – comme son paysage – a été préservée. Elle évoque les saveurs typiques de la Grèce et de l'Italie du début des années 1960, mais comme beaucoup des traditions de l'île, elle a résisté aux sirènes de la modernité. Les aliments transformés n'existent pas ici et l'on prépare les repas comme il y a soixante ans : on mitonne des plats nutritifs à partir de produits locaux de saison et on se réunit en famille ou entre amis pour les savourer. Les gens de l'île sont fiers de leur mode de vie et de leurs coutumes, ce qui explique que ces derniers n'aient pas été altérés.

Après avoir discuté avec plusieurs habitants de leur manière de cuisiner et de manger, j'ai noté que l'huile d'olive et les légumes frais et de saison étaient au cœur de leur alimentation. L'huile d'olive est la pierre angulaire du régime méditerranéen – une cuisine du quotidien. À Ikaría, on fait cuire lentement les légumes à l'huile d'olive. Les nutriments qu'ils contiennent étant liposolubles, leurs bienfaits sont accentués par cette méthode de cuisson, qui a aussi l'avantage de les rendre délicieux. Le régime ikaríen est également riche en céréales complètes, en fruits à coque et en poisson. La viande n'est pas absente, mais les recettes à base de légumes et de féculents font souvent office de plat principal plutôt que d'accompagnement. Les menus comprennent toujours une salade et des fruits. Chacun mange à satiété, pas au-delà. Les convives prennent un verre ou deux de vin, mais toujours en s'alimentant et quand ils sont à plusieurs.

À Ikaría, les repas ne sont pas seulement des temps où l'on mange. Ce sont des moments de partage où l'on tisse des liens au sein de la famille et avec des amis, mais aussi entre générations. La nourriture est importante, mais les relations le sont tout autant, si ce n'est plus. C'est quelque chose que j'ai pu observer partout, pas seulement à l'heure du déjeuner ou du dîner, mais à chaque instant de la journée. Quelqu'un qui passe en voiture s'arrêtera s'il croise quelqu'un qu'il connaît et ouvrira la fenêtre pour prendre des nouvelles des proches. Chacun se préoccupe du bien-être des autres. La famille passe au premier plan : on donne du temps et de l'amour aux enfants, et ceux-ci prennent soin des aînés.

LES ZONES BLEUES désignent un petit nombre d'aires géographiques où l'espérance de vie est exceptionnellement longue et où le taux de maladies chroniques est bien moins élevé qu'ailleurs. Le terme est apparu dans les travaux du Dr Michel Poulain et du Dr Gianni Pes ; comme ils étudiaient ces zones, ils traçaient des cercles bleus autour d'elles sur une carte et les évoquaient sous le nom de « zones bleues ».

Dan Buettner a contribué à mettre en avant la notion de zone bleue avec son numéro du *National Geographic* sur « Les secrets de la longévité », en 2005. Depuis, le trio continue de collaborer pour étudier le mode de vie des habitants de ces régions et expliquer leur longévité.

Ikaría est l'une des cinq zones bleues, les autres étant la Sardaigne, en Italie ; l'île d'Okinawa au Japon ; la municipalité de Loma Linda en Californie et la péninsule isolée de Nicoya au Costa Rica. Si ces lieux sont distants géographiquement et n'ont ni la même culture ni les mêmes croyances, ils partagent un régime alimentaire d'origine végétale riche en légumineuses, une activité physique quotidienne et un sens profond de la communauté.

Il n'y a pas de maisons de retraite sur l'île. Les plus âgés vivent avec leur famille et – les gens du pays me l'ont affirmé – c'est l'une des raisons principales de leur longévité. Les aïeuls possèdent un savoir et des compétences qui sont utiles à la communauté – et cela ne s'arrête pas ou ne diminue pas avec l'âge. Au contraire, les anciens sont dépositaires de l'histoire, des traditions et des valeurs de l'île. C'est à travers eux que se manifestent les secrets de la longévité locale.

Thea m'a emmenée en voiture dans la partie nord de l'île. En prenant garde aux virages sur les chemins escarpés, nous admirions la vue à couper le souffle depuis la route, que traversait parfois une chèvre ou deux. Nous sommes arrivées dans le village d'Armenistis. Sur le port, des pêcheurs avaient étendu leurs filets sur les bateaux encerclant la petite jetée, prêts pour les prochaines prises. La douce brise d'été, qui transportait avec elle des senteurs de pin, créait une atmosphère indicible.

Thea m'a expliqué que le credo de l'île était : « Il faut prendre le temps » : le temps nécessaire, le temps indispensable. C'est-à-dire du temps pour la communauté et les liens sociaux, mais aussi pour se reposer afin de réduire le stress. Les gens sont naturellement actifs sur l'île : ils vont à pied au travail ou au café du village, ils jardinent, etc. Ikaría bénéficie d'une végétation luxuriante, de rivières et de cascades ; les eaux y sont d'un bleu limpide et les collines verdoient à perte de vue. Le paysage naturel offre un cadre splendide à l'activité et à l'exercice. Ici, personne ne regarde jamais sa montre.

Mon séjour a connu son apothéose lors d'un *panayiri*, une fête locale. Des chaises et des tables sur des tréteaux avaient été disposées sur la place du village et un groupe s'était installé sur la scène. Toutes les générations étaient rassemblées pour se délecter de viande de chèvre grillée, de salades et d'un délicieux vin bio local (bu dilué avec de l'eau). Ce moment était tout simplement parfait. Le groupe a commencé à jouer et tout le monde s'est mis à entonner en chœur des chants traditionnels de l'île. Nous avons dansé jusqu'au bout de la nuit, pleins d'entrain malgré l'heure tardive.

Le départ a été difficile pour moi, mais je savais que je reviendrais.

LA TABLE D'IKARÍA

Ikaría offre un exemple parfait du régime méditerranéen dans son sens holistique : des plats simples et authentiques partagés avec une communauté. La plupart des Ikaríens cultivent leurs propres fruits et légumes, ce qui leur procure de quoi se nourrir, mais aussi une profonde satisfaction. Lorsqu'on cuisine avec des aliments de saison, en observant le rythme de la nature, on obtient des plats nutritifs et succulents. À mon sens, c'est ainsi que nous devrions tous nous alimenter.

Les recettes présentées dans ce livre sont celles que j'ai eu la chance de cuisiner avec des femmes formidables d'Ikaría ou que j'ai dégustées à leur table ou dans leurs cafés. J'adore la façon dont elles livrent leurs recettes : « une pincée » de ceci, « une poignée » de cela, ou quand elles expliquent : « C'est comme ça que ma mère faisait. » Je demandais : « Combien de temps faut-il faire cuire le plat au four ? » « Aussi longtemps qu'il le faut », me répondait-on.

C'est pour moi l'essence même de la cuisine grecque : on prépare les plats de manière intuitive, selon des techniques transmises de génération en génération. On s'inspire parfois de carnets garnis de recettes soigneusement recopiées à la main et cernées de notes griffonnées à la hâte. D'autres fois, on cuisine de mémoire, en se souvenant des informations glanées autour du fourneau… Ce sont des choses qui font du bien à l'âme.

Les recettes de ce livre ne sont ni compliquées ni interminables, mais elles sont délicieuses et j'y ai apporté ma petite touche personnelle. La plupart sont prévues pour quatre à six personnes.

L'ouvrage est divisé en sept parties : *salates* (salades), *oretika* (accompagnements), *lahanika* (légumes), *ospria* (légumineuses), *zimarika, psomi kai pites* (Pâtes, pains et tartes), *thalassina kai kreata* (produits de la mer et viande) et *glika* (douceurs sucrées).

Pour ce livre, je suis partie
du principe que les cuillères
à soupe de (cuil. à soupe de) ont
une contenance de 15 ml ;
si les vôtres ont une contenance
de 20 ml, n'ayez pas la main
trop lourde sur les quantités.

Les recettes nécessitant
une cuisson au four ont toutes
été réalisées dans un four à chaleur
tournante. Si vous utilisez un four
traditionnel, vous devrez
augmenter la température
de cuisson de 20 °C ou adapter
le temps de cuisson.

En parcourant ma sélection de recettes, je me rends compte que beaucoup sont végétariennes, ce qui reflète bien l'alimentation saisonnière d'Ikaría, basée sur les fruits et légumes. Des salades à tous les repas ; des dips servis avec des plats de légumes, de viande ou de poisson ; des pickles associés à des légumineuses ; et des douceurs sucrées pour les occasions spéciales. À Ikaría, il y a toujours à la table des olives, du fromage, des herbes, du pain et, bien entendu, du vin de l'île. Sauf mention contraire, toutes les herbes utilisées dans les recettes sont fraîches.

Le petit déjeuner se compose traditionnellement de yaourt ou de fromage avec du miel, de fruits, de *horta* (des légumes à feuilles sauvages cuits), de pain complet et d'une infusion ou d'un café. L'été, on mange essentiellement des fruits, présentés dans de grandes corbeilles, avec du yaourt ou du fromage.

Pour le déjeuner, le repas le plus important de la journée, on trouve sur la table du pain, des olives, du fromage local et des dips pour accompagner le plat principal, sans oublier le vin local. Les salades sont omniprésentes, de même que les plats à base de haricots, toujours accompagnés de pickles ou de légumes cuits avec une dose généreuse d'huile d'olive du coin. (L'huile d'olive vierge extra locale est utilisée aussi bien pour les cuissons au four, à la poêle et à la cocotte que pour les salades.) À l'occasion, un poisson pêché de frais apparaît au menu, et une ou deux fois par semaine, on mange de la viande. La sieste de l'après-midi est un rituel immuable.

Au dîner, on se contente souvent d'une collation légère constituée de pain, d'olives, de légumes et de vin. Les plus âgés se contentent parfois de yaourt et de miel.

Les plats grecs sont destinés à être partagés, alors n'hésitez pas à créer vos propres combinaisons entre les recettes de ce livre et jouez avec les ingrédients pour composer votre festin.

J'espère que ces plats feront entrer un peu de l'atmosphère d'Ikaría dans votre foyer.

SALADES

Salates

SALADE DU VILLAGE

Horiatiki salata

Cette salade grecque classique est un incontournable du repas du soir. Vous pouvez y ajouter des légumes à feuilles comme de la roquette ou du pourpier. J'adore déguster cette salade, saine et rapide à préparer, au déjeuner. Et je résiste rarement à l'envie de tremper un peu de pain frais au fond de l'assiette pour saucer le délicieux jus.

6 petites tomates, coupées en quatre

1 concombre, taillé en rondelles

1 petit oignon rouge, épluché et haché

2 poivrons verts, débarrassés des graines et de la membrane blanche, taillés en cubes

95 g d'olives de Kalamata dénoyautées

1 bloc de 125 g de feta

1 grosse pincée d'origan séché

6 cl d'huile d'olive

1 cuil. à soupe de vinaigre de vin rouge (facultatif)

pain, pour accompagner

Mettez les tomates, le concombre, l'oignon, les poivrons et les olives dans un plat de service, puis salez et poivrez. Déposez le bloc de feta par-dessus et saupoudrez le tout d'origan. Arrosez d'huile d'olive et de vinaigre, si vous le souhaitez.

Servez avec du pain.

SALADE DE KALE

Mavrolahano salata

10 cl d'huile d'olive

1 kg de feuilles de *kale*, hachées

1 oignon rouge, épluché et taillé en tout petits dés

425 g de haricots cornilles séchés

le zeste et le jus de 1 citron, pour assaisonner

flocons de piment, pour assaisonner (facultatif)

Cette salade est composée d'ingrédients qui se complètent et se soutiennent mutuellement d'un point de vue nutritionnel. Le *kale* a une haute teneur en vitamine C, qui favorise l'absorption du fer contenu dans les haricots cornilles. Les habitants de l'île m'ont appris que le *kale* est utilisé depuis des temps immémoriaux pour ses vertus bénéfiques pour le sang : il est en effet riche en vitamine K, qui joue un rôle clé dans la coagulation du sang.

Je vous conseille fortement de congeler du *kale* en saison : cela vous permettra d'en avoir toute l'année et évitera le gaspillage. Lavez le *kale*, séchez-le et hachez-le avant de le congeler. Les tiges étant souvent dures et fibreuses, il vaut mieux éviter de les consommer crues. Mieux vaut les faire blanchir avant de les faire cuire.

Ce plat constitue un accompagnement parfait avec du poisson, mais vous pouvez aussi le consommer seul pour un repas léger, avec des pickles et un peu de pain frais.

Faites chauffer la moitié de l'huile dans une sauteuse, puis ajoutez-y le *kale* et l'oignon. Faites-les cuire à feu doux, en remuant de temps à autre, de 15 à 20 min environ, jusqu'à ce que le *kale* s'attendrisse. Lorsqu'il est cuit, mettez-le dans un grand saladier de service.

Pendant ce temps, mettez les haricots cornilles dans une grande casserole et couvrez-les d'eau à hauteur (il vous faudra environ 1 l d'eau). Portez à ébullition, puis retirez la casserole du feu et égouttez les haricots.

Remettez-les dans la casserole, puis recouvrez-les de nouveau avec 1 l d'eau. Portez à ébullition, puis baissez le feu et laissez cuire à frémissements pendant environ 20 min, jusqu'à ce que les haricots cornilles soient cuits mais encore fermes.

Égouttez les haricots cornilles et rincez-les à l'eau froide. Mettez-les dans le saladier avec le *kale* refroidi, puis mélangez soigneusement. Arrosez du reste d'huile d'olive, salez et poivrez, et assaisonnez de jus et de zeste de citron selon votre goût. Si vous aimez les plats relevés, parsemez la salade de flocons de piment avant de servir.

TABOULÉ

Salata tabouli

45 g de boulgour fin

3 tomates, taillées en dés

2 ciboules émincées

2 bouquets de persil, ciselé

¼ de bouquet de menthe, ciselée

1 grenade (facultatif)

1 concombre, épépiné et taillé en dés (facultatif)

6 cl d'huile d'olive

6 cl de jus de citron fraîchement pressé (ou de vinaigre de vin blanc)

Cette salade toute simple n'est pas seulement saine, elle est aussi absolument délicieuse, surtout surmontée d'une cuillerée de yaourt à la grecque.

Il est important de hacher les légumes et les herbes aussi finement que possible ici. Vous pouvez utiliser un hachoir à herbes pour le persil, si vous le souhaitez, mais utilisez un couteau bien aiguisé pour les tomates et les ciboules : elles ne doivent pas être écrasées.

Mettez le boulgour dans un grand saladier et recouvrez-le d'eau, puis laissez-le reposer pendant 30 min ou jusqu'à ce que toute l'eau ait été absorbée. Égouttez-le pour ôter l'excédent d'eau.

Mettez les tomates, les ciboules et les herbes dans un saladier de service, puis ajoutez le boulgour. Égrainez-le délicatement à la fourchette.

Si vous souhaitez agrémenter le taboulé de grenade, commencez par rouler celle-ci sur le plan de travail pour détacher les graines. Coupez la grenade en deux. Au-dessus d'un saladier, placez une moitié, côté coupé vers le bas, et tapotez l'écorce à l'aide d'une cuillère pour faire tomber les graines. Il risque d'y avoir des éclaboussures, alors procédez avec délicatesse et disposez du papier absorbant autour du saladier pour absorber le jus. Renouvelez l'opération avec la seconde moitié. Ajoutez les graines ainsi que les dés de concombre, si vous le souhaitez, au taboulé.

Mélangez l'huile d'olive et le jus de citron dans un bol. Arrosez-en le taboulé et mélangez. Salez et poivrez. Réservez au réfrigérateur de 1 à 2 h et servez très froid.

SALADE DE PATATE DOUCE

Salata glikia patata

500 g de patates douces, pelées et taillées en cubes

12 cl d'huile d'olive

500 g de roquette ou de jeunes pousses d'épinards

4 cl de vinaigre de vin blanc

250 g de fromage de chèvre (ou de feta)

Cette salade accompagne à merveille de la viande grillée. Elle peut aussi faire office de repas léger.

Préchauffez le four à 180 °C (th. 6).

Mettez les cubes de patates douces dans un saladier, arrosez-les de 4 cl d'huile d'olive et mélangez. Étalez les cubes sur une plaque recouverte de papier sulfurisé et faites-les cuire au four pendant 20 min ou jusqu'à ce qu'ils soient tendres. Retirez-les du four et laissez-les refroidir dans une assiette.

Mettez la roquette dans un grand saladier, arrosez-la du vinaigre et du reste d'huile d'olive, puis mélangez délicatement. Salez.

Ajoutez les cubes de patates douces refroidis et remuez avec précaution. Émiettez le fromage de chèvre par-dessus, puis servez.

MARIKA

Marika vit à deux pas de l'auberge Thea's Inn, où je séjournais dans le village de Nas. Lors de ma promenade matinale, comme je passais devant sa maison, je l'ai vue un matin dehors, en train de s'occuper de son jardin. Elle m'a souri et m'a lancé *Kalimera* (« bonjour »). Elle portait une robe à fleurs délavée et ses cheveux sombres encadraient un visage affable et ridé.

Très vite, elle m'a invitée à prendre un café et elle m'a montré les fleurs magnifiques dont elle est, à juste titre, très fière. Nous nous sommes assises dans son patio et c'était comme si je rendais visite à une amie de longue date.

Marika est l'incarnation de la philoxénie : l'amour des étrangers. Cette philosophie fait partie intégrante de la culture d'Ikaría : les habitants font preuve d'hospitalité envers les gens qu'ils ne connaissent pas et mettent un point d'honneur à leur montrer qu'ils sont les bienvenus. Marika faisait cela sans effort, sans même y penser, avec un large sourire.

Je lui ai demandé de me parler d'elle et de ses activités quotidiennes.

« La première chose que je fais en me levant le matin, m'a-t-elle détaillé, c'est arroser mes plantes. Ensuite, je prépare le petit déjeuner pour mon mari et moi — une infusion et un peu de pain avec du miel. Puis je vaque à mes occupations dans la maison. Après le déjeuner, qui est le repas le plus important de la journée et que nous partageons toujours avec des amis ou de la famille, nous nous reposons. Et le soir, nous dînons d'un repas léger, parfois juste un peu de yaourt avec du miel, puis nous retrouvons des amis. »

Sa fille, Sisi, est alors venue nous rejoindre et m'a raconté que la maison de sa mère était toujours pleine de monde. Certains venaient prendre un café le matin tandis que d'autres passaient lui rendre visite dans l'après-midi.

Marika avait passé beaucoup de temps dans les grandes villes, mais elle ne s'était jamais habituée à la solitude qui y régnait. Elle ne comprenait pas le phénomène récent des réseaux sociaux et était heureuse d'avoir grandi avant l'avènement des ordinateurs. Elle m'a expliqué que les jeunes gens d'Ikaría utilisaient les réseaux sociaux, bien entendu, mais de façon différente. « Ici, m'a-t-elle confié, les jeunes ont d'autres occupations : ils vont retrouver des amis ou pratiquer des activités d'extérieur. Ils ne passent pas beaucoup de temps à l'intérieur. Leur style de vie est différent. Leur état d'esprit est différent. »

Marika a souligné qu'eux aussi avaient leur lot de stress dans la vie, mais qu'il était atténué du fait de leurs liens sociaux.

J'ai interrogé mon hôte sur les choses qui lui étaient les plus chères. Elle m'a assuré sans hésiter : « Le soleil, le vent, l'air pur, l'océan et les gens. »

Je lui ai ensuite demandé si cela la dérangeait que je l'interroge sur son âge. Elle s'est alors tournée vers sa fille et l'a questionnée : « J'ai quel âge ? » Sisi m'a dit que Marika avait quatre-vingt-dix ans.

« Est-ce que vous appréciez toujours autant le vin ? » ai-je poursuivi. « Bien sûr ! J'en bois à chaque repas ! », a-t-elle clamé.

Marika a conclu : « Mon cœur est ici : Ikaría emplit mon cœur et il faut aller là où notre cœur nous porte. »

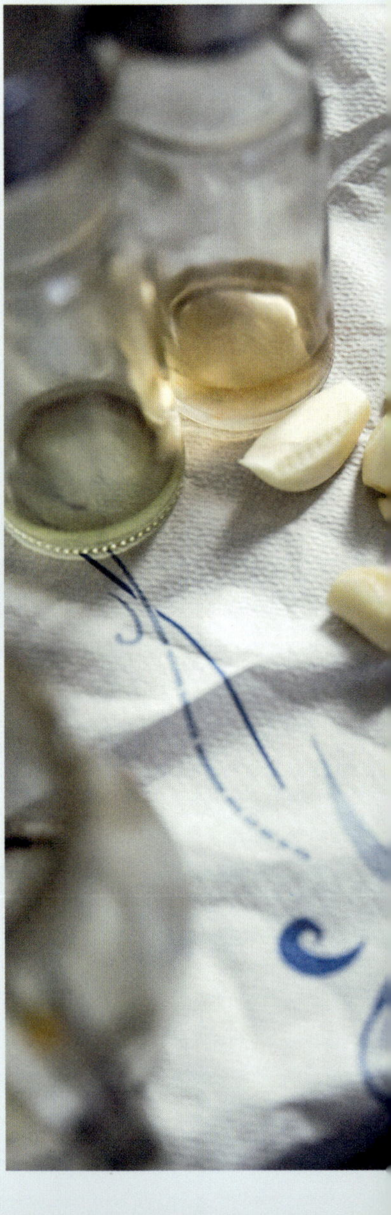

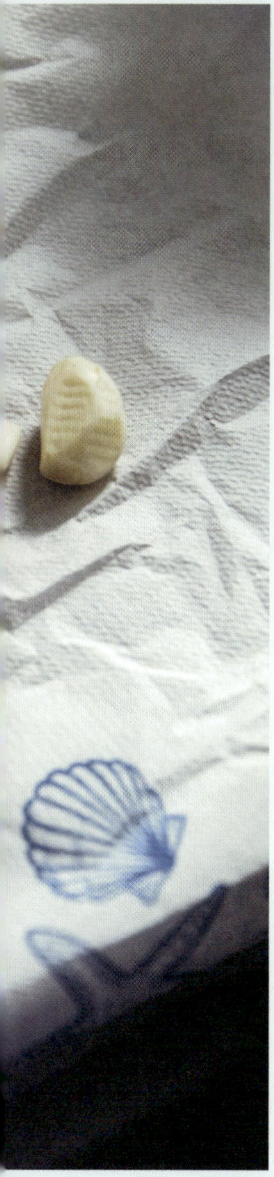

SALADE DE RACINE DE TARO

Salata kolokassi

La racine de taro est un légume-racine que je ne connaissais pas il y a encore peu de temps. Il est présent en abondance à Ikaría et à Chypre et il pousse à l'état sauvage près des rivières et des cours d'eau. C'est l'une des plus importantes sources d'amidon du régime local, en particulier durant les mois les plus chauds. On peut la cuisiner en ragoût avec de la sauce tomate, avec des haricots ou sous forme de dip dans la *skordalia* (page 46).

Petite particularité : il ne faut pas laver la racine de taro à l'eau, car cela la rend visqueuse ; il faut simplement la frotter ou l'essuyer avec du papier absorbant, puis la peler avec un couteau pointu. La racine de taro est un aliment mucilagineux, alors, pour éviter qu'elle ne fonde à la cuisson, il vaut mieux la casser en gros morceaux. Il suffit pour cela de glisser la lame d'un couteau dans le tubercule et de le casser en morceaux, au lieu de le tailler en tranches.

Si vous ne trouvez pas de racine de taro, vous pouvez la remplacer par des patates douces ou du panais.

1 grosse racine de taro

1 oignon rouge, épluché et émincé (facultatif)

2 branches de céleri, coupées en rondelles

2 cuil. à soupe de persil ciselé

12 olives noires dénoyautées

1 tomate, taillée en dés

6 cl d'huile d'olive

6 cl de jus de citron

Pelez la racine de taro à l'aide d'un petit couteau pointu et coupez-la en morceaux. Mettez-les dans une grande casserole et couvrez-les d'eau à hauteur. Portez à ébullition à feu vif, puis passez à feu moyen et laissez cuire à frémissements jusqu'à ce que les morceaux soient tendres.

Égouttez-les bien, laissez-les refroidir légèrement, puis disposez-les dans un plat de service.

Ajoutez l'oignon, le céleri, le persil, les olives et la tomate, puis remuez délicatement.

Dans un bol, mélangez l'huile d'olive et le jus de citron, salez et poivrez. Arrosez-en ensuite la salade.

Servez à température ambiante avec de la viande ou du poisson grillés.

SALADE DE POMMES DE TERRE

Patatosalata

500 g de pommes de terre

75 g de roquette

1 oignon rouge, épluché et émincé

6 cl d'huile d'olive

2 cuil. à soupe de vinaigre
de vin rouge
(ou un trait de jus de citron)

Le sol exceptionnellement riche, l'eau en abondance et le climat doux font d'Ikaría un lieu idéal pour cultiver des pommes de terre. Par leur profusion, elles sont naturellement devenues un aliment essentiel de la cuisine locale. Vous vous demandez peut-être si les pommes de terre peuvent être considérées comme des légumes sains, mais les gens d'Ikaría savent en faire des plats nourrissants et équilibrés. Sur l'île, elles sont arrosées de la meilleure huile d'olive, parsemées d'herbes et accompagnées de légumes verts dans des salades et des ragoûts.

Mettez les pommes de terre dans une grande casserole d'eau salée et portez à ébullition. Baissez le feu et laissez cuire jusqu'à ce que les pommes de terre soient tendres.

Égouttez-les et laissez-les refroidir. Pendant ce temps, disposez la roquette dans un plat de service.

Lorsque les pommes de terre ont suffisamment refroidi, pelez-les, coupez-les en morceaux et placez-les directement sur la roquette. Ajoutez l'oignon émincé et arrosez le tout d'huile d'olive et de vinaigre.

Salez, poivrez, puis remuez délicatement et servez. Cette salade se marie très bien avec de la viande ou du poisson grillés.

ACCOMPAGNEMENTS

Oretika

DIP À LA FETA
ET AU PIMENT

Kopanisti

500 g de feta ou de *kathoura* (page 140)

200 g de fromage à pâte persillée, ou flocons de piment, selon votre goût

1 cuil. à soupe d'origan ou de thym séché

10 cl d'huile d'olive + un peu pour arroser

Un matin, au marché, j'admirais les mets proposés sur un étal et j'ai demandé à la dame derrière le comptoir comment elle préparait le *kopanisti*. Était-ce simplement de la feta et de la ricotta avec du piment ? « On peut les préparer comme ça », m'a-t-elle répondu, mais sa recette préférée (et celle de nombreux habitants de l'île) est à base de *kathoura* ou de feta, et de fromage à pâte persillée ou d'une pincée de piment pour les amateurs de plats relevés.

Mettez les fromages et les herbes séchées dans un mortier. Versez lentement l'huile d'olive, en écrasant les ingrédients au pilon au fur et à mesure, jusqu'à l'obtention d'un mélange crémeux. Si vous aimez les plats relevés, supprimez le fromage à pâte persillée et ajoutez des flocons de piment à la place à la fin.

Servez le dip arrosé d'un filet d'huile d'olive. Il sera délicieux servi en mezze sur de la baguette ou des biscottes.

Vous pouvez conserver ce dip au réfrigérateur jusqu'à cinq jours. Placez-le au préalable dans un bocal propre et arrosez-le d'huile d'olive pour le préserver.

DIP AU YAOURT,
À LA CAROTTE
ET À LA MENTHE

Tzatziki

1 concombre

1 carotte, pelée et râpée

3 gousses d'ail, épluchées et écrasées

1 pincée de sel

500 g de yaourt à la grecque

2 cuil. à soupe d'aneth finement haché

un trait de jus de citron

1 cuil. à soupe d'huile d'olive

J'adore la façon dont Athina, la cuisinière de l'auberge Thea's Inn, prépare son tzatziki. Sa version me paraissant non traditionnelle, je lui ai demandé pourquoi elle y mettait des carottes. Elle a simplement répondu : « J'aime la couleur. » Le résultat m'a convaincue et je ne le prépare plus que comme cela désormais.

Si vous le souhaitez, vous pouvez laisser le yaourt s'égoutter au préalable dans une passoire tapissée d'une mousseline pendant une heure pour en ôter l'excédent de liquide. Vous obtiendrez ainsi une consistance plus épaisse.

Pelez le concombre et râpez-le, puis laissez-le dégorger le temps de préparer les autres ingrédients. Pressez-le entre vos mains pour en ôter l'excédent de liquide, puis mettez-le dans un grand bol de service.

Ajoutez la carotte, l'ail écrasé et 1 pincée de sel, puis mélangez. Incorporez délicatement le yaourt.

Ajoutez l'aneth et le jus de citron. Remuez à l'aide d'une cuillère en métal, puis arrosez d'huile d'olive en filet avant de servir.

SKORDALIA DE RACINE DE TARO

Kolokassi skordalia

500 g de racine de taro

6 gousses d'ail, épluchées

17 cl d'huile d'olive

3 cuil. à soupe de vinaigre (ou de jus de citron)

Il existe quantité de versions différentes de la célèbre *skordalia* dans toute la Grèce. On peut remplacer la racine de taro par des pommes de terre, du pain rassis ou des pois du Cap. La *skordalia* est servie la plupart du temps avec des fruits de mer.

Si vous utilisez des pois du Cap, vous devrez les faire tremper toute une nuit, puis les faire cuire dans une grande casserole d'eau bouillante de 30 à 45 min jusqu'à ce qu'ils soient tendres. Pour la version à base de pain, il faudra faire tremper six tranches de pain débarrassées de la croûte dans un peu d'eau pour les ramollir, puis les presser pour en ôter l'excédent de liquide.

Pelez la racine de taro à l'aide d'un petit couteau pointu et coupez-la en morceaux. Mettez-les dans une grande casserole et couvrez-les d'eau à hauteur. Portez à ébullition à feu vif, puis passez à feu moyen et laissez cuire à frémissements jusqu'à ce que les morceaux soient tendres.

Égouttez-les bien, laissez-les refroidir légèrement.

À l'aide d'un robot ou d'un mortier et d'un pilon (j'ai une préférence pour la seconde option), écrasez la racine de taro avec l'ail, en ajoutant alternativement quelques gouttes d'huile et quelques gouttes de vinaigre, jusqu'à l'obtention d'un dip lisse et crémeux. Salez et poivrez et réservez au réfrigérateur jusqu'au moment de servir.

Ce dip est délicieux en accompagnement de viande grillée, de poisson ou de beignets de légumes, mais on peut aussi simplement le déguster tartiné sur du pain.

TARAMA

Taramosalata

2 grosses pommes de terre, pelées et coupées en morceaux

100 g d'œufs de poisson

1 petit oignon rouge, épluché et râpé

le jus de 2 citrons

30 cl d'huile d'olive + un peu si nécessaire

Il est possible de réaliser ce savoureux dip avec du pain à la place des pommes de terre. Dans ce cas, remplacez les pommes de terre par trois tranches de pain rassis que vous ferez tremper dans un peu d'eau pour les ramollir avant de les presser pour en ôter l'excédent de liquide.

Mettez les pommes de terre dans une grande casserole et couvrez-les d'eau à hauteur. Portez à ébullition sur feu moyen à vif. Baissez le feu et laissez cuire à frémissements jusqu'à ce que les pommes de terre soient cuites et tendres.

Égouttez les pommes de terre, en réservant le liquide de cuisson, et mettez-les dans un mortier et écrasez-les au pilon. Ajoutez les œufs de poisson, l'oignon râpé, le jus de citron et 7,5 cl d'huile d'olive. Mélangez bien, puis incorporez de l'huile d'olive au dip sans cesser de remuer. Si vous avez utilisé toute l'huile d'olive et que le mélange est encore trop dense, vous pouvez ajouter un peu d'eau de cuisson des pommes de terre à la préparation pour la délayer.

Goûtez régulièrement et ajustez les quantités d'huile, de citron ou de sel selon votre goût. Placez le dip dans un bol et arrosez-le d'un filet d'huile d'olive avant de servir.

PICKLES DE SALADE SAUVAGE

Horta toursi

170 g de sel

600 g de salade sauvage

vinaigre

huile d'olive

La *horta* désigne la salade sauvage cuite. Il s'agit le plus souvent de pissenlits (*radikia*). La *vlita*, ou amarante verte, est considérée comme leur cousine la plus raffinée. Elle possède une saveur douce, là où les pissenlits ont un goût plus prononcé et amer, mais tous deux sont délicieux. Si vous avez du mal à trouver ces types de salades, vous pouvez les remplacer par des bettes, des endives ou du chou cavalier.

Ces pickles de salade sauvage se marient très bien avec des plats à base de haricots, du poisson grillé ou de la *taramosalata*. Ils sont parfaits sous forme de mezze, accompagnés d'un verre d'ouzo.

Versez 2 l d'eau dans une grande casserole et ajoutez 135 g de sel. Portez à ébullition à feu vif, puis ajoutez la salade sauvage. Faites-la blanchir de 3 à 4 min, jusqu'à ce qu'elle commence tout juste à s'attendrir. Égouttez-la, rincez-la à l'eau froide, puis égouttez-la de nouveau.

Mettez la salade cuite dans des bocaux stérilisés (voir ci-dessous), parsemez-la petit à petit du reste de sel, puis ajoutez du vinaigre de façon à couvrir complètement la salade. Recouvrez le vinaigre d'une mince couche d'huile d'olive, puis réservez au réfrigérateur. Les pickles seront prêts à être dégustés le lendemain. Vous pouvez les conserver pendant plusieurs semaines au réfrigérateur du moment que la salade reste bien immergée dans le liquide.

STÉRILISER DES BOCAUX

Préchauffez le four à 180 °C (th. 6). Lavez soigneusement les bocaux avec de l'eau chaude savonneuse. Laissez-les sécher sur un torchon propre. Une fois qu'ils sont secs, posez les bocaux sur une plaque, puis enfournez-les pour 10 min. Plongez les couvercles dans une grande casserole d'eau bouillante et laissez-les bouillir pendant 10 min, puis retirez-les de l'eau à l'aide de pinces. Laissez-les sécher sur un torchon propre.

LES FEMMES D'IKARÍA

La coopérative des femmes de Christos Raches a été fondée en 2009 par douze habitantes dans le but de préserver et de promouvoir les produits d'Ikaría. Sept des fondatrices poursuivent encore aujourd'hui cette action et cultivent leur philosophie. La boutique pittoresque propose des confitures, des tartes, des gâteaux, de la citronnade maison, du café, du thé et des « douceurs à la cuillère », selon des recettes traditionnelles mais aussi plus contemporaines. Tout est produit à partir d'ingrédients bruts fournis par de petits producteurs de l'île adeptes de l'agriculture durable et biologique.

La coopérative des femmes est installée au centre du charmant village, au milieu des arbres fruitiers, des pins et des chênes. Quelques commerces ici ou là, des maisons anciennes et des villas modernes : chaque coin de rue recèle une nouvelle surprise.

J'ai pris place auprès de Tula et Silke, deux des fondatrices, autour d'un café et d'une part de leur célèbre pita aux champignons. Tula m'a alors expliqué que les coopératives de femmes étaient nombreuses en Grèce et qu'elles avaient pour ambition de préserver les produits naturels locaux et, peut-être plus important encore, l'héritage et la culture. Elles représentent aussi une source de revenus complémentaire pour la famille et mettent en avant les compétences et l'expérience de chacune des femmes.

À Christos Raches, les femmes ont trouvé un petit local et ont commencé par vendre des confitures et des conserves. Très vite, des visiteurs de toute l'île ont afflué. Les femmes ont alors disposé quelques tables et chaises devant la boutique et la liste de produits proposés s'est étoffée. Tandis que nous discutions, j'observais les gens attablés à côté de nous : certains buvaient un café, d'autres savouraient une part de gâteau à l'orange tandis qu'un groupe de jeunes garçons jouaient au backgammon.

Les femmes de la coopérative aiment cuisiner, c'est une évidence, et l'aspect social compte encore plus à leurs yeux.

« C'est un bon travail, très agréable, m'a assuré Silke. Il est bon pour nous et pour Ikaría. »

« Ici, à Ikaría, nous cherchons constamment la présence des autres et nous cultivons les liens sociaux, a-t-elle poursuivi. Que ce soit pour prendre un café ou déjeuner, nous aimons passer du temps ensemble et discuter — c'est important. »

Au cours de mon séjour, j'ai remarqué qu'il y avait beaucoup de femmes de caractère sur l'île. Quand j'ai interrogé Tula à ce sujet, elle m'a confié que, dans les récits que lui avaient faits sa mère et sa grand-mère, les hommes étaient la plupart du temps absents, partis chercher du travail ailleurs. C'étaient les femmes qui s'occupaient des enfants, des animaux et des champs. Le fait d'assumer une telle charge de travail les a dotées d'un tempérament fort et indépendant et elles sont devenues des dirigeantes dans la communauté. Certains parlent même d'une société matriarcale. Les hommes et les femmes sont égaux ; les habitants ont une vision progressiste des droits des femmes, ce qui n'est pas toujours le cas dans d'autres îles grecques.

J'ai rencontré bien des femmes charismatiques et sûres d'elles à Ikaría. Thea, qui tient un restaurant et une auberge ; Tula et Silke, deux fondatrices de la coopérative des femmes ; Liza, l'apicultrice ; et aussi Marika, Argiro, Athina, Rania, Simone et tant d'autres encore. Ces femmes sont l'incarnation même de la devise selon laquelle « il faut aller là où notre cœur nous porte ».

PICKLES DE CRISTE-MARINE

Kritamo

500 g de criste-marine (fenouil marin)

100 g de sel

12 cl d'huile d'olive

POUR LA SAUMURE

50 cl de vinaigre de vin blanc

2 cuil. à café de sel

Le terme *kritamo*, qui signifie « criste-marine » (aussi appelée « fenouil marin »), vient du grec ancien *krithmon*, c'est-à-dire « orge », car les graines des deux végétaux se ressemblent. Cette plante n'est pas spécifique à la Grèce, on la trouve à l'état sauvage tout autour de la Méditerranée, ainsi que sur les côtes britanniques et irlandaises. Dans la médecine hippocratique, elle est réputée pour ses vertus détoxifiantes et diurétiques.

Cette plante pousse en bord de mer, sur les côtes rocailleuses, et s'épanouit au contact du vent et à proximité des vagues. Cela lui confère son goût puissant évoquant l'air marin et l'eau salée. Sans surprise, elle se développe très bien à Ikaría.

On utilise les pickles de criste-marine de la même manière que les câpres. Les habitants de l'île m'ont assuré qu'ils étaient excellents pour la santé. Ils viennent agréablement rehausser des plats locaux comme la *fava*. Mais ils sont également délicieux dans des salades.

L'idéal est de ramasser des feuilles aussi tendres que possible, car elles possèdent un arôme subtil qui rappelle le fenouil et la menthe poivrée. Leur parfum et leur goût changent une fois que les feuilles ont macéré, mais ces pickles apportent une dimension vraiment intéressante à une salade de pommes de terre ou de tomates.

Détachez les feuilles de criste-marine des branches principales et lavez-les soigneusement.

Versez 1,5 l d'eau dans une grande casserole, ajoutez le sel et portez à ébullition. Baissez le feu, ajoutez les feuilles de criste-marine dans la casserole et laissez-les cuire à frémissements de 4 à 5 min.

Égouttez la criste-marine et laissez-la refroidir, puis répartissez-la dans des bocaux stérilisés (pour les instructions sur la manière de stériliser les bocaux, voir page 49.)

Pour la saumure, mélangez 50 cl d'eau, le vinaigre et le sel dans un pichet, puis versez dans les bocaux de façon à recouvrir entièrement la criste-marine. Recouvrez l'ensemble d'une fine couche d'huile d'olive, puis fermez hermétiquement et laissez reposer pendant au moins un mois avant de servir.

PICKLES DE CHAMPIGNONS

Manitaria toursi

1 cuil. à café de sel

le jus de ½ citron

1 kg de champignons

50 cl de vinaigre de vin blanc

16 cl d'huile d'olive

1 brin de thym (ou d'origan)

5 grains de poivre

2 gousses d'ail, épluchées mais entières

Les pickles de champignons sont délicieux dans une salade, sous forme de mezze, ou simplement servis avec du pain frais, des herbes fraîches, des tomates ou du fromage.

Versez 1 l d'eau dans une grande casserole, ajoutez le sel et le jus de citron et portez à ébullition.

Brossez les champignons pour en ôter toute la terre, en les laissant entiers. S'ils sont gros, vous pouvez les couper en deux.

Déposez délicatement les champignons dans l'eau bouillante et laissez-les cuire à frémissements de 2 à 3 min. Retirez-les de l'eau à l'aide d'une écumoire et réservez.

Lorsque les champignons ont refroidi, répartissez-les dans des bocaux stérilisés. (Pour les instructions sur la manière de stériliser les bocaux, voir page 49.)

Versez le vinaigre et l'huile d'olive dans une casserole et ajoutez le thym, les grains de poivre et l'ail. Portez à ébullition et retirez la casserole du feu dès les premiers bouillons.

Versez le mélange de vinaigre et d'huile dans les bocaux, en recouvrant entièrement les champignons. Fermez les bocaux hermétiquement, puis laissez macérer les champignons au réfrigérateur pendant 4 ou 5 jours avant de les servir. Vous pouvez les conserver plusieurs semaines au réfrigérateur.

PICKLES DE MUSCARI À TOUPET

Volvoi toursi

500 g de bulbes de muscari à toupet (*Muscari comosum*) ou d'oignons grelots

2 à 4 cuil. à soupe de sel + un peu pour la mise en bocaux

50 cl de vinaigre de vin blanc

12 cl d'huile d'olive

Les *volvoi* sont des bulbes de muscari à toupet (aussi appelé poireau roux) roses et brillants, à la texture croquante et au goût salé, amer et aigre : des caractéristiques idéales pour obtenir des pickles exquis. Ils se marient très bien avec des aliments riches en fer, comme une soupe de lentilles ou des fèves, mais ils sont aussi parfaits sur un plateau de mezze. Riches en nutriments et appréciés pour leurs propriétés détoxifiantes naturelles, les *volvoi* sont souvent dégustés pendant le carême.

Consommé depuis la nuit des temps, le muscari à toupet est toujours populaire à Ikaría ainsi que dans les Pouilles, en Italie. Dans l'Antiquité, il était même considéré comme aphrodisiaque !

Si vous ne trouvez pas de muscari à toupet, vous pouvez utiliser des oignons grelots à la place.

Nettoyez soigneusement les bulbes et pelez la couche extérieure. Coupez les deux extrémités et entaillez légèrement la base en croix. Laissez tremper les bulbes dans un grand saladier d'eau froide pendant environ 4 h pour atténuer leur amertume et les débarrasser de leur côté gluant.

Égouttez les bulbes et mettez-les dans une grande casserole d'eau avec 1 cuil. à soupe de sel, puis portez à ébullition à feu moyen. Laissez-les cuire à frémissements pendant environ 5 min, puis égouttez-les et rincez-les à l'eau froide. Renouvelez cette opération une, deux, voire trois fois selon l'amertume des bulbes et votre goût personnel. Plus vous ferez bouillir puis rincerez les bulbes, plus ils perdront leur amertume — mais prenez garde à ne pas les faire trop cuire, car ils se déliteraient.

Lorsque l'amertume des bulbes vous convient, égouttez-les et rincez-les à l'eau froide, puis laissez refroidir légèrement. Placez chacun d'eux dans des bocaux stérilisés, en mettant un peu de sel entre les bulbes au fur et à mesure que vous remplissez les bocaux. (Pour les instructions sur la manière de stériliser les bocaux, voir page 49.) Versez le vinaigre dans les bocaux en recouvrant entièrement les bulbes, puis nappez l'ensemble d'une fine couche d'huile d'olive.

Fermez les bocaux hermétiquement, puis placez-les dans le réfrigérateur. Les bulbes sont consommables immédiatement. Vous pouvez les conserver environ 2 mois dans la saumure.

ΤΕΣΣΕΡΕΙΣ ΜΑΡΙΕΣ

LÉGUMES

Lahanika

COURGETTES FRITES

Kolokithakia tiganita

2 courgettes

huile d'olive, pour la cuisson

farine, pour saupoudrer

tzatziki (page 43), pour accompagner

citron, pour accompagner

feta, pour accompagner (facultatif)

Les courgettes poussent en abondance sur l'île l'été, et les plus petites se prêtent admirablement à une cuisson simple. Ces bâtonnets de courgettes sont irrésistibles accompagnés d'un bol de tzatziki et d'une boisson fraîche.

Coupez les courgettes en rondelles de 3 cm d'épaisseur ou en bâtonnets d'environ 6 cm de long et 2 cm de large. Essuyez-les avec du papier absorbant, puis réservez-les.

Versez 3 cm d'huile d'olive dans une poêle et faites-la chauffer à feu moyen. Pour vérifier que l'huile est suffisamment chaude pour la cuisson, jetez un peu de farine dedans. Si l'huile commence immédiatement à bouillonner, elle est prête.

Versez un peu de farine dans une assiette et remplissez un bol d'eau.

Prenez un morceau de courgette, passez-le dans la farine, puis dans l'eau, puis de nouveau dans la farine. Secouez le morceau pour ôter l'excédent de farine, puis faites-le frire rapidement dans l'huile chaude jusqu'à ce qu'il soit doré et croustillant. Renouvelez l'opération avec les autres rondelles ou bâtonnets de courgettes.

Égouttez les courgettes frites sur du papier absorbant et servez-les avec un bol de tzatziki. Arrosez-les d'un trait de jus de citron et émiettez un peu de feta par-dessus, si vous le souhaitez.

BEIGNETS DE COURGETTES

Kolokeftedes

4 grosses courgettes

4 ciboules

2 œufs

250 g de feta

30 g de persil finement haché

20 g d'origan finement haché

25 g de menthe finement hachée

150 g de farine

1 cuil. à café bombée de levure chimique

huile d'olive, pour la cuisson

Ces beignets de courgettes très faciles à faire sont aussi légers que succulents ; impossible de se contenter d'un seul ! La levure chimique leur donne une texture très agréable. Ils sont parfaits pour un repas léger, accompagnés d'une salade et de tzatziki. Ils se prêtent aussi très bien à un plateau de mezze.

Râpez les courgettes au-dessus d'une passoire et pressez-les pour en ôter l'excédent d'eau. Émincez finement les ciboules, en utilisant la partie blanche et un peu de la partie verte tendre.

Placez les courgettes et les ciboules dans un grand saladier. Ajoutez les œufs, la feta émiettée, les herbes hachées, la farine et la levure chimique. Mélangez soigneusement.

Salez et poivrez, puis laissez reposer la préparation au réfrigérateur de 30 min à 1 h. (Le repos facilite la cuisson des beignets.)

Lorsque le mélange a reposé, versez 4 ou 5 cm d'huile d'olive au fond d'une sauteuse et faites-la chauffer à feu moyen. Pour vérifier que l'huile est suffisamment chaude pour la cuisson, jetez un peu de farine dedans. Si l'huile commence immédiatement à bouillonner, elle est prête.

À l'aide d'une cuillère, prélevez un morceau de pâte de la taille d'une noix et déposez-le délicatement dans l'huile chaude. Faites cuire plusieurs beignets à la fois, mais n'en mettez pas trop, car l'huile refroidirait et les beignets ne friraient pas correctement.

Retournez les beignets pour les faire dorer de toutes parts, puis retirez-les à l'aide d'une écumoire et laissez-les s'égoutter sur du papier absorbant.

Servez les beignets chauds ou tièdes, idéalement accompagnés d'un bol de tzatziki (page 43).

BEIGNETS DE POMMES DE TERRE AU FROMAGE

Patatokeftedes

400 g de pommes de terre

1 œuf

1 cuil. à soupe de persil finement haché

1 cuil. à soupe de menthe finement hachée

1 cuil. à soupe d'aneth finement haché

100 g de feta ou de *kathoura*, (page 140)

huile d'olive, pour la cuisson

Divins sur un plateau de mezze, ces beignets de pommes de terre très fins se marient fort bien avec un verre de vin ou d'ouzo.

Les pommes de terre contiennent beaucoup d'amidon, mais j'aime bien ajouter un œuf à la préparation pour lui donner une texture plus stable et l'humidifier légèrement.

Mettez les pommes de terre dans une grande casserole et recouvrez-les d'eau. Portez à ébullition et faites cuire les pommes de terre jusqu'à ce qu'elles soient tendres.

Égouttez les pommes de terre et laissez-les refroidir. Pelez-les, puis mettez-les dans un grand saladier.

Écrasez les pommes de terre en purée, puis ajoutez l'œuf et les herbes. Vous pouvez varier les herbes selon vos goûts ; celles-ci sont simplement celles que je préfère. Émiettez le fromage par-dessus, salez et poivrez.

Mélangez soigneusement, puis laissez refroidir la préparation au réfrigérateur.

Versez 4 ou 5 cm d'huile d'olive au fond d'une sauteuse et faites-la chauffer à feu moyen. Pour vérifier que l'huile est suffisamment chaude pour la cuisson, jetez un peu de farine dedans. Si l'huile commence immédiatement à bouillonner, elle est prête.

À l'aide d'une cuillère, prélevez un morceau de pâte de la taille d'une noix et déposez-le délicatement dans l'huile chaude. Faites cuire plusieurs beignets à la fois, mais n'en mettez pas trop, car l'huile refroidirait et les beignets ne friraient pas correctement.

Retournez les beignets pour les faire dorer de toutes parts, puis retirez-les à l'aide d'une écumoire et laissez-les s'égoutter sur du papier absorbant.

CHOU CAVALIER
ET POMMES DE TERRE

Prasino kolaro me patates

6 cl d'huile d'olive

1 oignon rouge, épluché et taillé en dés

500 g de chou cavalier, haché

3 grosses pommes de terre, pelées et coupées en gros morceaux

2 cuil. à soupe d'origan sauvage, haché

2 grosses tomates, râpées (facultatif ; voir page 86)

Ce plat rustique n'est pas seulement simple, il est aussi très nutritif. Accompagné d'olives, de fromage et de pain, il constitue un déjeuner ou un dîner facile. Si vous ne trouvez pas de chou cavalier, vous pouvez le remplacer par du *kale*, des bettes, des épinards ou du chou vert.

Faites chauffer l'huile d'olive à feu moyen dans une grande casserole. Faites-y revenir les dés d'oignons jusqu'à ce qu'ils soient tendres.

Ajoutez le chou cavalier et baissez le feu. Faites-le cuire, en remuant, jusqu'à ce qu'il se flétrisse.

Ajoutez les pommes de terre. Salez et poivrez, puis incorporez l'origan.

Versez 25 cl d'eau dans la casserole. Ou, si vous utilisez les tomates râpées, utilisez seulement 12,5 cl d'eau. Ajoutez les tomates râpées, si vous le souhaitez.

Laissez cuire à frémissements, en remuant de temps à autre, de 20 à 30 min environ, jusqu'à ce que les légumes soient cuits et qu'il ne reste pratiquement plus d'eau dans la casserole.

Servez chaud.

PATATE DOUCE AU LAIT

Glikopatata me gala

Cette recette toute simple constitue un accompagnement parfait avec des grillades ou un ragoût. Elle est aussi délicieuse en dip : il suffit de remplacer la cannelle par quelques flocons de piment (si vous appréciez les mets relevés) ou des herbes, d'arroser le tout d'un peu d'huile d'olive, puis de le servir en mezze avec du pain frais, des olives et du fromage.

2 grosses patates douces

12,5 cl de lait de chèvre

¼ de cuil. à café de cannelle moulue, ou flocons de piment selon votre goût

Préchauffez le four à 180 °C (th. 6).

Grattez les patates douces et, sans les peler, posez-les sur une plaque et enfournez-les pour 40 min ou jusqu'à ce qu'elles soient tendres.

Sortez les patates douces du four et laissez-les refroidir. Une fois qu'elles ont suffisamment refroidi, coupez-les en deux dans la longueur et prélevez la chair à la cuillère.

Mettez la chair dans un saladier, puis écrasez-la à la fourchette, en incorporant le lait de chèvre petit à petit : le but est d'obtenir un dip épais.

Salez, poivrez et saupoudrez de cannelle ou de flocons de piment si vous préférez un plat plus relevé.

FLEURS DE COURGETTES FARCIES

Gemista louloudia kolokythakia

20 fleurs de courgettes

10 cl d'huile d'olive + un peu pour arroser

1 petit oignon, épluché et râpé

2 petites courgettes, râpées

150 g de riz rond blanc

400 g de tomates, finement hachées

2 cuil. à soupe d'aneth finement haché

2 cuil. à soupe de menthe finement hachée

2 cuil. à soupe de persil finement haché

1 cuil. à soupe de concentré de tomates

J'ai ressenti comme un privilège le fait de pouvoir cuisiner avec des femmes de l'île, de déambuler entre elles, en observant chacun de leurs faits et gestes... tout paraissait facile entre leurs mains.

Vous pouvez également farcir des tomates avec la garniture au riz et aux herbes présentée ici. Un pur délice !

Préparez les fleurs de courgettes en retirant les étamines.

Pour la garniture, faites chauffer l'huile d'olive à feu moyen dans une grande sauteuse. Faites-y revenir l'oignon et les courgettes râpés pendant environ 4 min, jusqu'à ce qu'ils soient tendres.

Ajoutez le riz et mélangez soigneusement. Incorporez ensuite les tomates et les herbes hachées. Salez et poivrez et faites cuire à feu doux pendant environ 5 min. Retirez la sauteuse du feu.

Farcissez les fleurs de courgettes en déposant 1 cuil. à soupe de garniture dans chacune d'elles, puis en rabattant le haut de la fleur sur la farce. Déposez les fleurs de courgettes farcies dans une grande casserole peu profonde munie d'un couvercle, en les collant les unes aux autres, jusqu'à épuisement des fleurs de courgettes. Vous devrez peut-être les superposer dans la casserole, selon la largeur de celle-ci.

Versez 25 cl d'eau dans un pichet, puis ajoutez le concentré de tomates, en remuant bien. Versez ce liquide sur les fleurs de courgettes farcies, puis arrosez le tout d'un peu d'huile d'olive. Couvrez et laissez cuire à frémissements à feu doux de 15 à 20 min ou jusqu'à ce qu'elles soient cuites. Surveillez la cuisson pour éviter que les fleurs de courgettes ne brûlent et ajoutez un peu d'eau dans la casserole si nécessaire.

Servez chaud ou à température ambiante.

OMELETTE AUX CIBOULES

Omeletta me freska kremidakia

6 ciboules

6 cl d'huile d'olive

6 œufs

6 cl de lait

1 cuil. à soupe de menthe hachée + un peu pour décorer

1 cuil. à soupe de persil haché + un peu pour décorer

Cette recette se réalise traditionnellement au début du printemps quand les ciboules sont de saison. Celles-ci ont une saveur plus douce que les oignons et, associées à des herbes, elles permettent d'obtenir une omelette délicieuse.

Lavez soigneusement les ciboules et coupez leur extrémité vert sombre. Taillez-les en fines rondelles.

Faites chauffer l'huile d'olive à feu moyen dans une poêle. Faites-y revenir les ciboules jusqu'à ce qu'elles soient tendres.

Cassez les œufs et mettez-les dans un saladier, salez et poivrez, puis ajoutez le lait et les herbes (conservez-en quelques-unes pour la décoration). Battez le mélange au fouet, puis versez-le sur les ciboules.

À l'aide d'une spatule, poussez les côtés vers le centre, de façon à laisser de l'espace pour qu'un peu du liquide s'écoule, puis faites cuire l'omelette en inclinant la poêle d'un côté à l'autre.

Poursuivez la cuisson pendant 2 min et, lorsque l'omelette est quasiment cuite, pliez-la en deux et faites-la glisser dans une assiette. L'omelette va continuer de cuire sur l'assiette, mais elle doit rester légèrement tremblotante au centre.

Répartissez les herbes réservées sur l'omelette, puis servez.

OMELETTE À LA TOMATE

Omeletta me tomata

4 tomates

2 cuil. à soupe d'huile d'olive

100 g de feta

6 œufs

3 cuil. à soupe de lait

origan séché, pour décorer

Facile à faire, et néanmoins toujours bienvenue, une omelette se prête à tous les repas de la journée. Il suffit d'une salade verte et d'un peu de pain pour l'accompagner.

Lavez les tomates, séchez-les et coupez-les en cubes.

Faites chauffer l'huile d'olive à feu moyen dans une poêle. Ajoutez les tomates et faites-les revenir de 2 à 3 min jusqu'à ce qu'elles s'attendrissent. Émiettez la feta par-dessus.

Cassez les œufs et mettez-les dans un saladier, salez et poivrez, puis ajoutez le lait. Battez le mélange au fouet, puis versez-le sur les tomates et le fromage.

À l'aide d'une spatule, poussez les côtés vers le centre, de façon à laisser de l'espace pour qu'un peu du liquide s'écoule, puis faites cuire l'omelette en inclinant la poêle d'un côté à l'autre.

Poursuivez la cuisson pendant 2 min et, lorsque l'omelette est quasiment cuite, pliez-la en deux et faites-la glisser dans une assiette. L'omelette va continuer de cuire sur l'assiette, mais elle doit rester légèrement tremblotante au centre.

Parsemez l'omelette d'origan séché, puis servez.

ŒUFS ET SALADE SAUVAGE

Avga me horta

La salade sauvage, ou *horta*, accompagne admirablement de la viande ou du poisson grillé, mais on peut aussi très bien la déguster seule avec du pain pour un repas léger. Pour cette recette, ma salade sauvage préférée est la *vlita*, ou amarante.

Ne jetez pas l'eau de cuisson de la salade : elle est gorgée de nutriments ! Laissez-la refroidir, puis buvez-la agrémentée d'un trait de jus de citron et de quelques glaçons.

3 poignées de salade sauvage (voir page 49 pour des alternatives)

2 cuil. à soupe d'huile d'olive + un peu pour arroser

le jus de ½ citron

2 œufs

Remplissez une grande casserole d'eau et portez à ébullition.

Lavez soigneusement la salade sauvage et coupez les tiges. Plongez-la dans l'eau bouillante et laissez-la cuire à frémissements, à découvert, jusqu'à ce qu'elle soit tendre. Égouttez-la, puis accommodez-la avec un trait d'huile d'olive, le jus de citron et une pincée de sel. Réservez.

Faites chauffer l'huile d'olive dans une poêle sur feu moyen à vif. Assurez-vous qu'elle est bien chaude avant d'y ajouter les œufs : ainsi, le bord des œufs sera croustillant et ils n'attacheront pas au fond de la poêle. Vous pouvez faire cuire les deux œufs en même temps, en badigeonnant les blancs d'un peu de l'huile chaude en cours de cuisson.

Servez les œufs, saupoudrés d'un peu de sel, avec la salade sauvage.

LÉGUMES RÔTIS AUX ŒUFS

Lahanika me avga

1 aubergine, coupée en cubes

2 courgettes, coupées en cubes

4 longs poivrons verts, débarrassés des graines et de la membrane blanche, taillés en lamelles

4 tomates, taillées en cubes

2 pommes de terre, pelées et taillées en cubes

2 oignons rouges, épluchés et coupés en quatre

1 petite poignée d'herbes sauvages, finement hachées (fenouil sauvage, céleri sauvage, persil, origan)

6 cl d'huile d'olive

6 œufs

pain frais, pour accompagner

Grâce à la présence des œufs, cette recette constitue un vrai plat complet. Si vous avez des restes de légumes rôtis, c'est une excellente façon de les utiliser. Proposez du pain pour saucer le délicieux jus qui s'écoule des légumes.

Préchauffez le four à 180 °C (th. 6).

Mettez tous les légumes et les herbes dans un grand plat allant au four. Arrosez-les d'huile d'olive et mélangez. Salez et poivrez, puis remuez délicatement. Versez 12,5 cl d'eau dans le plat, couvrez-le de papier d'aluminium et enfournez-le pour environ 1 h ou jusqu'à ce que les légumes soient tendres. Mélangez-les régulièrement en cours de cuisson et vérifiez qu'il reste suffisamment de liquide dans le plat afin qu'ils ne s'assèchent pas trop.

Lorsque les légumes sont prêts, retirez le papier d'aluminium, formez 6 creux dans les légumes et cassez 1 œuf dans chacun d'eux. Enfournez pour 4 min supplémentaires ou jusqu'à ce que les œufs soient cuits.

Servez chaud avec du pain frais.

RIZ AUX ÉPINARDS

Spanakorizo

6 cl d'huile d'olive

1 oignon, épluché et taillé en tout petits dés

1 gousse d'ail, épluchée et écrasée

1 cuil. à soupe de feuilles de fenouil sauvage ou d'aneth finement hachées

200 g de riz (à grains moyens ou longs)

500 g d'épinards frais, lavés et grossièrement hachés

un trait de jus de citron, pour assaisonner

feta, pour accompagner (facultatif)

Dans ce plat, les herbes apportent un délicieux arôme que j'adore. Vous pouvez remplacer le fenouil ou l'aneth par de la menthe ou du persil si vous le souhaitez : suivez vos envies. Je sers généralement ce riz aux épinards avec du pain et du fromage, ou une cuillerée de yaourt à la grecque.

Versez l'huile dans une grande casserole et faites-la chauffer à feu moyen. Faites-y revenir l'oignon et l'ail jusqu'à ce qu'ils soient tendres, mais sans les laisser se colorer. Ajoutez les feuilles de fenouil sauvage ou d'aneth et poursuivez la cuisson jusqu'à ce que leur parfum s'exhale. Ajoutez le riz et mélangez bien de façon que chaque grain de riz soit enrobé d'huile d'olive.

Ajoutez les épinards hachés et 37,5 cl d'eau. Remuez l'ensemble sans cesse jusqu'à ce que les épinards soient flétris, puis posez un couvercle sur la casserole et laissez cuire à frémissements à feu doux jusqu'à ce que le riz soit cuit : 12 min devraient suffire. Surveillez la cuisson du riz : s'il devient trop sec, ajoutez de l'eau, ou s'il est encore trop humide une fois cuit, ôtez le couvercle et augmentez le feu afin que le liquide restant s'évapore.

Salez, poivrez et ajoutez un trait de jus de citron. Servez chaud avec un peu de feta, si vous le souhaitez.

LÉGUMES D'ÉTÉ RÔTIS

Soufico

Le *soufico* est l'un des plats les plus emblématiques d'Ikaría. On le préparait autrefois le samedi, le jour où les fours étaient allumés pour la cuisson hebdomadaire du pain. Les restes servaient à préparer des omelettes ou on y ajoutait des saucisses.

Concernant le nom du plat, on raconte qu'un mari aurait demandé à sa femme : « Qu'est-ce qu'on mange aujourd'hui ? » Elle serait allée dans le jardin ramasser des légumes et les aurait placés dans son tablier pour les ramener à la cuisine et préparer un plat simple. Une fois les légumes cuits, elle aurait répondu à son époux : « *soufica* », ce qui signifie « je t'en ai laissé un peu ».

Il existe différentes versions de ce plat, mais plusieurs femmes de l'île m'ont assuré que c'était celle-ci l'originale. Il faut couper tous les légumes en morceaux, puis les faire cuire séparément. Le secret réside dans les oignons caramélisés, qui donnent encore plus de saveur à ce plat. Certaines cuisinières sautent l'étape de la cuisson individuelle et superposent les légumes crus, ce qui rend le plat plus léger et un peu plus facile à réaliser.

10 cl d'huile d'olive

1,5 kg d'oignons, épluchés et taillés en dés

5 ou 6 poivrons, coupés en petits morceaux ou taillés en julienne

3 aubergines, taillées en dés

2 courgettes, coupées en rondelles

3 pommes de terre, pelées et taillées en dés

2 grosses tomates

1 cuil. à café de sucre en poudre

1 gousse d'ail, épluchée

2 cuil. à soupe d'origan séché

3 ou 4 cuil. à soupe de feuilles de basilic

Préchauffez le four à 180 °C (th. 6).

Faites chauffer 3 cuil. à soupe d'huile d'olive à feu moyen dans une sauteuse. Ajoutez les oignons et une pincée de sel et faites-les cuire à feu doux de 10 à 12 min ou jusqu'à ce qu'ils soient tendres et dorés. Veillez à remuer de temps à autre pour éviter qu'ils n'accrochent au fond de la sauteuse ou qu'ils ne brûlent. Réservez-les dans une assiette.

Ajoutez les poivrons dans la sauteuse ainsi que 1 cuil. à soupe d'huile si nécessaire. Faites-les cuire à feu moyen jusqu'à ce qu'ils soient plus tendres mais pas totalement cuits. Réservez-les. Faites ensuite cuire les aubergines, les courgettes et les pommes de terre, un type de légumes après l'autre, de la même manière, jusqu'à ce qu'ils soient légèrement tendres et dorés.

Râpez les tomates : pour cela, commencez par les couper en deux. Prenez une moitié dans votre main, la peau de la tomate contre votre paume, puis râpez-la au-dessus d'un grand saladier. Une fois toutes les tomates râpées, ajoutez-y le sucre en poudre pour accentuer leur saveur, ainsi que 1 pincée de sel et la gousse d'ail entière. Laissez le mélange macérer pendant quelques minutes pour que les arômes se développent.

Commencez à superposer les légumes préparés dans un grand plat allant au four. Nappez le fond du plat de la moitié des oignons. Disposez la moitié des pommes de terre par-dessus, puis la moitié des poivrons, des courgettes et des aubergines. Entre chaque couche, assaisonnez de sel, de poivre et d'origan séché. Renouvelez l'opération jusqu'à épuisement des légumes.

Versez le mélange à la tomate sur les légumes, en les recouvrant entièrement, puis couvrez le plat. (Si vous utilisez une cocotte en fonte, posez le couvercle dessus. Sinon, utilisez du papier d'aluminium). Enfournez pour 10 min, puis sortez le plat du four et retirez la gousse d'ail. Enfournez pour 20 min supplémentaires ou jusqu'à ce que tous les légumes soient cuits.

Sortez le plat du four. Parsemez les légumes de feuilles de basilic, puis laissez-les refroidir à découvert. Servez à température ambiante.

COMMUNAUTÉ ET PANAYIRI

Les habitants d'Ikaría ne sauraient concevoir leur vie sans la famille et les amis, et je suis convaincue que c'est cela, plus que toute autre chose, qui constitue l'essence de leur longévité. La communauté fait naître un sentiment d'appartenance, elle procure un sens, elle donne de la joie et elle réduit le stress quotidien. La communauté est le fil qui relie tout ce qui est bon pour nous, y compris une alimentation saine.

Sur l'île, les *panayiri*, ou fêtes locales, sont au cœur de ce lien communautaire. Il ne s'agit pas seulement de soirées où l'on danse et où l'on mange ensemble. Ce sont des moments de communion à un niveau quasi spirituel.

Et je ne suis pas près d'oublier ma première expérience en la matière.

Une route sinueuse de montagne bordée de verdure et de fleurs sauvages nous menait au village de Christos Raches, qui s'apprêtait à célébrer la fête d'Agios Ioannis (saint Jean Baptiste). Tout en conduisant, Thea m'expliquait que l'argent récolté lors des *panayiri* était toujours affecté à une cause commune sur l'île. Il pouvait servir à financer une école, à réparer une route ou à aider une famille dans le besoin.

Nous sommes arrivées au crépuscule, roulant sur les pavés vers la place du village où se trouvait l'église. À l'extérieur, des tables avaient été dressées sur des tréteaux. La nuit était douce et les gens avaient revêtu leurs plus beaux atours. Les portes de l'église d'Agios Ioannis étaient ouvertes, et les habitants entraient et sortaient, allumant des cierges au passage. Les flammes vacillaient devant les murs blanchis à la chaux, et l'atmosphère avait quelque chose de magnétique.

Les aliments arrivaient sur les tables posés sur de grands plateaux : de la viande de chèvre grillée enveloppée dans du papier, des saladiers débordant de crudités à la grecque et des assiettes de frites coupées au couteau. Le vin était présenté dans des carafes aux côtés de bouteilles d'eau pour diluer l'alcool. Le vin rouge local est robuste, onctueux et riche, avec des arômes qui se développent subtilement les uns après les autres. Dans *L'Odyssée* et *L'Iliade*, Homère disait du vin d'Ikaría qu'il avait des pouvoirs magiques qui guérissaient les maladies et donnaient de la force.

Le groupe a commencé à jouer. La musique est une tradition sur l'île et tout le monde s'est mis à chanter. Peu à peu, la piste de danse s'est remplie de cercles de personnes, main dans la main, ondulant de façon hypnotique au rythme des mélodies. Du vin d'Ikaría, un concert, une foule qui danse et un peuple qui chante avec passion. L'ambiance était joyeuse et nous avons virevolté jusqu'au petit matin. Un moment parfait.

SOUPE DE LÉGUMES

Hortosoupa

Cette soupe ultra-saine est un régal accompagnée d'un pesto d'herbes sauvages ou de *kopanisti* (un dip fromage salé et épicé ; voir page 42). Pour une version plus substantielle, vous pouvez ajouter une poignée de riz ou de petites pâtes à la soupe. Voici deux versions de la soupe, l'une pour l'été, l'autre pour l'hiver.

LÉGUMES D'ÉTÉ

6 cl d'huile d'olive + un peu pour arroser

1 oignon, épluché et taillé en dés

1 gousse d'ail, épluchée et taillée en tout petits dés

200 g de haricots verts, coupés en tronçons

2 courgettes, taillées en dés

8 champignons, taillés en lamelles

15 g de persil finement haché

3 tomates, pelées, épépinées et taillées en dés

3 cœurs d'artichauts, coupés en morceaux

un trait de jus de citron, pour arroser

LÉGUMES D'HIVER

6 cl d'huile d'olive + un peu pour arroser

1 oignon, épluché et taillé en dés

1 gousse d'ail, épluchée et taillée en tout petits dés

250 g de chou, grossièrement haché

2 pommes de terre, pelées et taillées en dés

2 carottes, pelées et taillées en dés

1 poireau (le blanc et la partie verte tendre seulement), taillé en rondelles

1 bulbe de fenouil, taillé en lamelles

1 branche de céleri, taillée en rondelles

1 cuil. à soupe de feuilles de fenouil sauvage finement hachées

un trait de jus de citron, pour arroser

Faites chauffer l'huile à feu moyen dans une grande casserole. Faites-y revenir l'oignon et l'ail jusqu'à ce qu'ils soient tendres, sans les laisser se colorer. Ajoutez tous les autres ingrédients à l'exception du jus de citron et remuez pour bien enrober tous les légumes d'huile d'olive. Faites-les revenir pendant 2 min, puis versez 1 l d'eau dans la casserole. Portez à ébullition, puis baissez le feu et laissez cuire à frémissements. Couvrez et laissez mijoter de 15 à 20 min ou jusqu'à ce que les légumes soient tendres. Salez et poivrez. Pour la version hivernale, prélevez un peu des pommes de terre et écrasez-les en purée avant de les remettre dans la soupe. Cela donnera davantage de consistance à la soupe et l'épaissira.

Arrosez la soupe de 1 trait de jus de citron, ajoutez 1 filet d'huile d'olive et poivrez de nouveau, si vous le souhaitez.

RAGOÛT DE LÉGUMES

Mageirio

10 cl d'huile d'olive + un peu pour arroser

1 oignon, épluché et taillé en dés

4 tomates, râpées (voir page 86)

500 g de haricots verts, équeutés et coupés en deux

2 courgettes, coupées en morceaux

2 carottes, pelées et coupées en morceaux

4 pommes de terre, pelées et grossièrement hachées

4 poivrons longs, débarrassés des graines et de la membrane blanche, et coupés en quatre

75 g de feuilles d'amarante ou de pissenlit

½ bouquet de menthe finement hachée + un peu pour décorer

½ bouquet de persil haché + un peu pour décorer

Voici l'une de mes recettes préférées. J'adore les plats uniques et je me souviens que ma mère avait l'habitude de jeter tous les légumes qu'elle avait sous la main dans une cocotte pour créer un repas succulent.

Mageirio **signifie simplement « faire cuire ». Pour le composer, il vous suffit de cuire ensemble les légumes que vous aimez.**

Faites chauffer l'huile d'olive à feu moyen dans une grande casserole. Faites-y revenir les dés d'oignon jusqu'à ce qu'ils soient tendres. Ajoutez les tomates râpées et mélangez bien.

Versez 1 l d'eau dans la casserole et portez à ébullition. Ajoutez tous les autres légumes et les herbes. Salez et poivrez.

Baissez le feu, couvrez et laissez cuire à légers frémissements de 20 à 25 min ou jusqu'à ce que tous les légumes soient cuits. Servez le ragoût chaud, arrosé d'un filet d'huile d'olive et parsemé d'herbes fraîches.

RAGOÛT
DE CHAMPIGNONS

Manitaria yiahni

6 cl d'huile d'olive

1 oignon rouge, épluché et taillé en dés

1 gousse d'ail, épluchée et écrasée

600 g de champignons, taillés en lamelles épaisses ou entiers s'ils sont petits

10 cl de vin rouge

3 tomates mûres, râpées (voir page 86)

2 cuil. à soupe de vinaigre de vin rouge

1 feuille de laurier

1 cuil. à soupe d'origan frais finement haché (utilisez seulement ½ cuil. à soupe si l'origan est séché)

1 cuil. à soupe de thym finement haché (utilisez seulement ½ cuil. à soupe si le thym est séché)

¼ de cuil. à café de noix muscade râpée

1 pincée de cumin moulu

150 g de petits pois

L'automne et le début de l'hiver, entre octobre et décembre, constituent le meilleur moment pour cueillir des champignons à Ikaría. Les habitants guettent les jours de pluie suivis de soleil, car c'est dans ces conditions que les champignons prolifèrent.

Les variétés de champignons diffèrent selon le terrain — dans les hauteurs ou près de la mer — et leur goût, leur couleur ou leur forme ne sont pas les mêmes. Les Ikaríens connaissent bien les endroits où les chercher et ils savent aussi quels spécimens sont toxiques et donc proscrits.

Il en existe quantité de sortes, qui sont généralement utilisées dans des ragoûts ou des tartes. Ce plat est une merveille accompagné de macaronis ou *makaronia* (page 123) maison.

Faites chauffer l'huile à feu moyen dans une grande casserole. Faites-y revenir l'oignon jusqu'à ce qu'il soit tendre.

Ajoutez l'ail et mélangez-le bien avec les dés d'oignon. Ajoutez les champignons et remuez délicatement le tout. Faites cuire de 2 à 3 min.

Versez le vin dans la casserole et portez à ébullition. Baissez le feu, puis ajoutez les tomates râpées, le vinaigre, les herbes et les épices. Salez et poivrez et laissez cuire à frémissements de 15 à 20 min. Ajoutez ensuite les petits pois et poursuivez la cuisson pendant encore 10 min, jusqu'à ce que les champignons soient tendres.

Servez avec du pain frais, en accompagnement ou comme sauce avec des pâtes.

TRADITIONELLER KÄSE
FETA
MARKENNAME
GESCHÜTZT (M.G)
EXARHOS
SINCE 1948
PRODUZENT:
EXARHOS A.G.
ELASSONA KÄSE

AUBERGINES FARCIES

Imam

6 aubergines

4 tomates, taillées en fines rondelles

2 oignons, épluchés et émincés

4 gousses d'ail, épluchées et taillées en tout petits dés

30 g de persil haché

1 cuil. à café de thym finement haché

1 cuil. à café d'origan finement haché

½ cuil. à café de paprika

¼ de cuil. à café de cumin moulu

1 cuil. à café de sucre en poudre

12,5 cl d'huile d'olive + un peu pour arroser

feta, pour accompagner (facultatif)

yaourt à la grecque, pour accompagner (facultatif)

L'*imam* est un plat traditionnel grec mâtiné d'influences turques. Le nom du plat turc d'origine, *imam bayildi*, signifie « l'imam s'est évanoui ». D'après la légende, un imam turc aurait défailli de plaisir après avoir goûté un plat d'aubergines et d'autres légumes en cocotte. Voici la recette telle qu'on la prépare à Ikaría ; c'est un pur délice additionné de yaourt à la grecque. Et n'oubliez pas le pain pour saucer !

Préchauffez le four à 180 °C (th. 6).

À l'aide d'un petit couteau pointu, formez 3 entailles sur chaque aubergine, dans la longueur, en veillant à ne pas enfoncer la lame trop loin.

Placez les aubergines dans une passoire et saupoudrez-les d'un peu de sel. Laissez-les dégorger le temps de préparer les autres ingrédients.

Mélangez les tomates, les oignons et l'ail dans un grand saladier. Ajoutez le persil, le thym, l'origan, le paprika, le cumin et le sucre en poudre, puis salez et poivrez bien.

Lavez les aubergines et pressez-les pour en ôter l'excédent de liquide. Essuyez-les soigneusement.

Faites chauffer l'huile à feu moyen dans une grande sauteuse. Faites-y cuire les aubergines de 4 à 5 min, jusqu'à ce qu'elles s'attendrissent légèrement et dorent, en les retournant de toutes parts. Retirez-les de la sauteuse et laissez-les refroidir et s'égoutter sur du papier absorbant.

Une fois que les aubergines ont suffisamment refroidi, prenez-en une dans la paume de la main et garnissez chaque entaille de préparation à la tomate. Placez les aubergines farcies dans un grand plat allant au four et arrosez-les d'huile d'olive. Répartissez les restes éventuels du mélange à la tomate autour des aubergines. Versez 25 cl d'eau dans le plat et recouvrez-le de papier d'aluminium.

Enfournez pour 30 min ou jusqu'à ce que les aubergines soient cuites, en surveillant la cuisson de temps à autre et en ajoutant un peu d'eau dans le plat si nécessaire.

Servez chaud avec un peu de feta ou une cuillerée de yaourt. Ce plat est délicieux accompagné de pommes de terre sautées ou de pain frais pour absorber le jus.

MOUSSAKA VÉGÉTARIENNE

Moussaka me lahanika

La béchamel a été introduite en Grèce par Nikolaos Tselementes au début du XXe siècle. Avant cela, la moussaka était un simple plat d'aubergines nappées d'une sauce à la viande, le tout parsemé de fromage râpé, puis cuit au four.

La différence entre la béchamel traditionnelle et la version grecque réside dans les œufs et le fromage ajoutés par Tselementes, qui rendent la sauce plus riche.

Le lit de pommes de terre est important, car il permet d'absorber le liquide. Vous pouvez aussi ajouter des rondelles de courgettes : dans ce cas, remplacez 2 aubergines par 2 courgettes, et préparez les courgettes comme les pommes de terre.

4 aubergines, coupées en rondelles de 1 cm d'épaisseur

12,5 cl d'huile d'olive

4 grosses pommes de terre, coupées en rondelles de 1 cm d'épaisseur

125 g de *kefalotyri* ou de parmesan râpé

POUR LA SAUCE AUX CHAMPIGNONS

1 oignon, épluché et râpé

2 gousses d'ail, épluchées et écrasées

200 g de champignons taillés en dés

500 g de coulis de tomates

½ cuil. à café de thym séché

½ cuil. à café de noix muscade râpée

1 cuil. à café de cannelle moulue

POUR LA BÉCHAMEL

115 g de beurre

115 g de farine

1 l de lait

1 œuf

1 pincée de noix muscade râpée

Mettez les rondelles d'aubergines dans une passoire, en salant entre chaque épaisseur, pour leur ôter leur amertume. Laissez-les dégorger le temps de faire cuire les pommes de terre.

Faites chauffer la moitié de l'huile à feu moyen dans une grande poêle et faites-y dorer quelques rondelles de pommes de terre pendant environ 2 min sur chaque face. Retirez-les de la poêle et laissez-les s'égoutter sur du papier absorbant. Renouvelez l'opération avec les autres rondelles de pommes de terre.

Lavez les aubergines et pressez-les pour en ôter l'excédent de liquide. Épongez-les, puis faites-les dorer sur chaque face dans la même poêle que les pommes de terre. Ajoutez un peu d'huile si nécessaire, car les aubergines ont tendance à l'absorber rapidement. Étalez-les sur du papier absorbant.

Pour la sauce aux champignons, faites chauffer le reste d'huile d'olive à feu moyen dans une casserole et faites-y revenir l'oignon et l'ail jusqu'à ce qu'ils soient translucides. Ajoutez les champignons et laissez-les cuire jusqu'à ce qu'ils soient tendres, puis versez le coulis de tomates et mélangez. Ajoutez le thym, la noix muscade et la cannelle. Salez et poivrez. Baissez le feu et laissez cuire à frémissements pendant environ 20 min. Si la sauce est trop sèche, ajoutez-y un peu d'eau et, si elle est trop liquide, ôtez le couvercle pour qu'un peu du liquide s'évapore à la cuisson. Réservez.

Préchauffez le four à 180 °C (th. 6).

Pour la béchamel, faites fondre le beurre à feu moyen dans une casserole et ajoutez-y la farine, puis remuez bien de façon à obtenir un roux. Faites attention à ne pas laisser brûler la farine : elle doit à peine dorer. Versez le lait petit à petit en remuant sans cesse jusqu'à l'obtention d'une sauce épaisse, soit pendant 10 min environ.

Lorsque la sauce a épaissi, ôtez la casserole du feu, puis ajoutez l'œuf et remuez énergiquement. Ajoutez la noix muscade, salez et poivrez.

Pour monter la moussaka, tapissez le fond d'un plat allant au four de 25 × 35 cm d'une louche de sauce aux champignons. Disposez par-dessus la moitié des pommes de terre, puis la moitié des aubergines. Versez le reste de sauce aux champignons, puis recouvrez des pommes de terre, puis des aubergines restantes.

Nappez le tout de béchamel et lissez la surface avec le dos d'une cuillère en bois. Parsemez la moussaka de fromage râpé, puis enfournez pour 50 à 60 min ou jusqu'à ce que la surface soit brun doré et bouillonne sur les bords.

Servez chaud avec une salade verte.

LÉGUMES FARCIS

Yemista lahanika

4 pommes de terre

2 longs poivrons verts

7 tomates

2 courgettes, l'une entière, l'autre râpée

2 oignons rouges, épluchés, l'un entier, l'autre taillé en tout petits dés

6 cl d'huile d'olive + un peu pour arroser

2 gousses d'ail, épluchées et taillées en tout petits dés

220 g de riz à grains courts (du riz arborio, par exemple)

1 cuil. à soupe de concentré de tomates

1 carotte, pelée et râpée

100 g de champignons finement émincés

½ bouquet de persil finement haché

½ bouquet de menthe finement hachée

2 cuil. à soupe d'aneth finement haché

feta et pain, pour accompagner

Chaque foyer grec possède sa propre variante des *yemista*. La farce est souvent à base de viande hachée, mais Athina m'a enseigné une version aux champignons. Dégustez-les chaudes, avec de la feta et du pain. Elles seront encore meilleures le lendemain.

Préchauffez le four à 180 °C (th. 6).

Pelez les pommes de terre, coupez-les en quartiers et réservez-les dans un saladier d'eau froide pour éviter qu'elles ne noircissent. Coupez le haut des poivrons, ôtez les graines et la membrane blanche à l'aide d'une cuillère à café, puis posez les poivrons dans un grand plat allant au four.

Coupez le haut des tomates et de la courgette entière avec un couteau pointu. À l'aide d'une cuillère à café, prélevez délicatement la chair des tomates et de la courgette, puis mettez-la dans un saladier. Écrasez la chair de tomates de façon à obtenir une sauce et taillez la chair de courgette en dés. Réservez. Disposez les tomates et la courgette évidées dans le plat contenant les poivrons.

Ajoutez l'oignon entier dans le plat. Égouttez les quartiers de pommes de terre et glissez-les dans les espaces libres dans le plat.

Faites chauffer l'huile d'olive à feu vif dans une poêle. Faites-y revenir les dés d'oignon jusqu'à ce qu'ils soient tendres. Ajoutez l'ail et faites sauter pendant 2 min. Ajoutez le riz et remuez afin de bien enrober chaque grain d'huile : cela évitera que le riz ne s'agglutine.

Ajoutez la chair de tomates et de courgette, le concentré de tomates, la courgette et la carotte râpées, les champignons et 50 cl d'eau. Salez et poivrez, puis laissez cuire à frémissements de 5 à 6 min. (Les ingrédients finiront de cuire au four.) Ajoutez les herbes pour la dernière minute de cuisson et remuez bien.

À l'aide d'une cuillère à soupe, farcissez les poivrons, les tomates et la courgette avec le mélange à base de riz : ne les remplissez qu'aux trois quarts, car le riz va continuer de gonfler à la cuisson.

Il vous restera de la farce : ajoutez-y 12,5 cl d'eau, remuez et répartissez le mélange sur les pommes de terre dans le plat.

Arrosez généreusement les légumes d'huile d'olive et salez-les. Recouvrez le plat de papier d'aluminium, puis enfournez pour 50 min environ. Retirez ensuite le papier d'aluminium et poursuivez la cuisson à découvert pendant encore 15 à 20 min, jusqu'à ce que les légumes soient cuits et dorés. Surveillez-les pendant la cuisson : si les légumes s'assèchent trop, ajoutez un peu d'eau dans le plat.

Servez chaud avec de la feta et du pain frais.

LÉGUMINEUSES

Ospria

DIP DE POIS CASSÉS AUX OIGNONS CARAMÉLISÉS

Fava

Les oignons caramélisés rehaussent agréablement la *fava* en lui apportant une délicate saveur sucrée. On la sert habituellement avec des câpres, mais elle sera tout aussi exquise avec des pickles de criste-marine ou *kritamo* (page 55).

450 g de pois cassés jaunes

1 oignon jaune, épluché et taillé en dés

1 gousse d'ail, épluchée et écrasée

le jus de ½ citron

2 cl d'huile d'olive

paprika (facultatif)

POUR LES OIGNONS CARAMÉLISÉS

6 cl d'huile d'olive

2 gros oignons rouges, épluchés et finement émincés

½ cuil. à café de sucre en poudre (facultatif)

Rincez les pois cassés à l'eau froide et jetez tous ceux qui sont décolorés.

Mettez-les dans une grande casserole, ajoutez l'oignon et recouvrez le tout d'eau. Portez à ébullition sur feu moyen à vif.

Baissez le feu et laissez cuire à frémissements pendant 30 min ou jusqu'à ce que les pois cassés soient cuits et qu'ils forment un mélange épais, mais pas lisse : il doit y avoir de gros morceaux. Videz l'excédent d'eau.

Ajoutez l'ail, le jus de citron et l'huile d'olive et mélangez soigneusement. Le mélange doit rester épais et assez grumeleux. Salez et poivrez, et saupoudrez de paprika, si vous le souhaitez.

Pour les oignons caramélisés, faites chauffer l'huile d'olive à feu moyen dans une sauteuse, puis ajoutez les oignons et remuez pour les enrober uniformément d'huile.

Baissez le feu et poursuivez la cuisson en remuant. La cuisson lente confère aux oignons une couleur profonde, et les sucres naturels qu'ils contiennent favorisent la caramélisation. Vous pouvez ajouter un peu de sucre en poudre et de sel, si vous le souhaitez.

Répartissez les oignons caramélisés sur le dip, puis servez, accompagné de pain, d'olives et de fromage.

SALADE DE HARICOTS CORNILLES

Mavromatika fasolia salata

400 g de haricots cornilles séchés, laissés à tremper toute une nuit et égouttés

1 bulbe de fenouil, taillé en lamelles

1 oignon rouge, épluché et taillé en dés

1 tomate, épépinée et taillée en dés

1 cuil. à soupe d'herbes finement hachées (menthe, persil ou thym)

12,5 cl d'huile d'olive

le jus de 1 citron (ou 3 cuil. à soupe de vinaigre de vin rouge)

Vous pouvez utiliser des haricots cornilles en boîte si vous n'avez pas le temps de les faire tremper toute une nuit. Il est aussi possible de réaliser cette salade avec d'autres haricots séchés : les haricots de Lima ou les haricots blancs forment de bonnes alternatives.

Mettez les haricots dans une grande casserole et couvrez-les d'eau à hauteur. Portez à ébullition, puis laissez cuire pendant 1 h, ou jusqu'à ce que les haricots soient tendres, mais encore fermes. Égouttez-les et laissez-les refroidir.

Mettez le fenouil, l'oignon, la tomate et les herbes dans un plat de service, puis ajoutez les haricots cornilles refroidis et mélangez. Versez l'huile d'olive et le jus de citron sur la salade. Salez et poivrez, puis laissez reposer pendant 1 h afin de laisser les saveurs se mêler avant de servir.

POIS CHICHES AU FOUR

Psita revithia

500 g de pois chiches séchés, laissés à tremper toute une nuit et égouttés

1 courgette, coupée en cubes

2 carottes, pelées et coupées en cubes

1 oignon, taillé en dés

2 tomates, râpées (voir page 86)

2 cuil. à soupe de menthe finement hachée,

1 cuil. à soupe de persil finement haché

10 cl d'huile d'olive + un peu pour arroser

un trait de jus de citron, pour assaisonner (facultatif)

Traditionnellement, on réalise cette recette dans un plat en céramique, ce qui fait ressortir les parfums des pois chiches. Si vous n'en avez pas, vous pouvez tout aussi bien utiliser un grand plat allant au four ou une cocotte en fonte.

Préchauffez le four à 180 °C (th. 6).

Mettez les pois chiches égouttés dans une grande casserole, puis couvrez-les d'eau à hauteur. Portez à ébullition sur feu moyen à vif, puis laissez cuire jusqu'à ce que les pois chiches soient quasiment cuits, mais encore fermes. Égouttez-les, en réservant 25 cl du liquide de cuisson, puis placez les pois chiches dans un grand plat allant au four ou une cocotte en fonte. Versez le liquide réservé par-dessus.

Répartissez les légumes préparés et les herbes sur les pois chiches. Salez, poivrez, puis arrosez d'huile d'olive. Mélangez bien.

Enfournez pour 20 min, ou jusqu'à ce que les pois chiches et les légumes soient bien cuits.

Servez le plat arrosé d'un filet d'huile d'olive et d'un trait de jus de citron, si vous le souhaitez.

HARICOTS BLANCS AU FOUR

Fasolia sto fourno

3 cuil. à soupe d'huile d'olive + un peu pour arroser

1 gros oignon rouge, épluché et taillé en dés

1 gousse d'ail, épluchée et écrasée

4 tomates, râpées (voir page 86)

500 g de haricots blancs séchés (haricots blancs géants grecs, haricots de Lima ou pois du Cap), laissés à tremper toute une nuit et égouttés

1 cuil. à soupe de vinaigre de vin rouge

1 feuille de laurier

1 petite poignée de persil, finement haché

1 cuil. à soupe d'origan séché

Vous pouvez accompagner ce plat de vos légumes préférés, à moins que vous ne préfériez le déguster avec des saucisses.

Préchauffez le four à 180 °C (th. 6).

Faites chauffer l'huile d'olive à feu moyen dans une grande casserole. Faites-y revenir l'oignon et l'ail de 3 à 4 min jusqu'à ce qu'ils soient tendres et que le parfum s'exhale. Ajoutez les tomates râpées et faites cuire pendant encore 3 min. Ajoutez les haricots blancs, puis couvrez d'eau à hauteur. Ajoutez le vinaigre et la feuille de laurier. Salez et poivrez. Baissez le feu et laissez cuire à frémissements pendant 45 min, jusqu'à ce que les haricots soient tendres.

Versez le contenu de la casserole dans un plat allant au four de 25 × 32 cm, puis parsemez le mélange d'herbes. Remuez délicatement et arrosez d'un filet d'huile d'olive. Enfournez pour 30 à 40 min, en ajoutant un peu d'eau si le mélange s'assèche trop.

Servez chaud.

FRICASSÉE DE HARICOTS CORNILLES

Stifado mavromatika

12 cl d'huile d'olive

1 oignon, épluché et finement haché

2 carottes, pelées et taillées en dés

2 tomates, concassées

150 g de *kale* grossièrement haché

1 feuille de laurier

250 g de haricots cornilles, laissés à tremper toute une nuit et égouttés

flocons de piment (facultatif)

Cette fricassée de haricots cornilles rehaussée d'oignons, de tomates et d'herbes est très nutritive et parfumée.

Faites chauffer l'huile à feu moyen dans une grande casserole. Faites-y revenir l'oignon jusqu'à ce qu'il soit translucide et tendre. Ajoutez les carottes, les tomates et le *kale*, et remuez pour bien les enrober d'huile. Versez 60 cl d'eau, ajoutez la feuille de laurier, puis salez et poivrez généreusement.

Ajoutez les haricots cornilles et portez à ébullition. Baissez le feu, couvrez et laissez cuire à frémissements pendant environ 1 h, jusqu'à ce que les haricots soient cuits.

Assaisonnez avec des flocons de piment, si vous le souhaitez, et servez avec du pain et des pickles d'oignons.

RAGOÛT DE HARICOTS CORNILLES

Fasolia mavromatika yahni

500 g de haricots cornilles séchés

1 oignon jaune, épluché et taillé en dés

3 tomates, râpées (voir page 86)

75 g de feuilles de *kale*

1 carotte, taillée en dés

1 cuil. à soupe d'aneth haché

1 cuil. à soupe de fenouil haché

2 cuil. à soupe de persil haché

2 cuil. à soupe d'huile d'olive

Un jour, Toula m'a invitée à déjeuner chez elle et elle m'a préparé ce plat de haricots secs et légumes riche et fortifiant. Comme je l'observais cuisiner, elle m'a expliqué qu'il fallait le manger avec les pickles qu'elle avait déjà placés sur la table de la cuisine, ainsi qu'avec du pain frais et du vin maison. L'alliance des aliments que nous consommons, m'a-t-elle dit, est aussi importante pour le goût que pour l'aspect nutritionnel du repas.

Mettez les haricots cornilles dans une grande poêle et couvrez-les d'eau à hauteur. Portez à ébullition, baissez le feu et laissez cuire à frémissements de 4 à 5 min. Égouttez les haricots, remettez-les dans la poêle et couvrez-les de nouveau d'eau. Laissez-les ensuite cuire à frémissements à feu moyen pendant environ 1 h 30, ou jusqu'à ce que les haricots soient quasiment cuits.

Ajoutez les légumes et les herbes et poursuivez la cuisson jusqu'à ce que tous les ingrédients soient cuits. Éteignez le feu, salez et poivrez et arrosez d'un fil d'huile d'olive.

Servez chaud.

PÂTES, PAINS ET TARTES

Zimarika, psomi kai pites

MACARONIS
MAISON

Makaronia

Il n'y a rien de tel que des pâtes maison, et cette version est particulièrement légère. La recette contient du lait : il apporte du liquide et des protéines supplémentaires, ce qui contribue à la saveur et à la texture des pâtes.

Vous pouvez conserver les pâtes au réfrigérateur toute une nuit et les faire cuire le lendemain, mais pensez à bien les enrober de semoule avant de les mettre au frais, afin qu'elles ne s'agglutinent pas et qu'elles soient plus faciles à démêler.

500 g de farine, tamisée + un peu pour saupoudrer

4 œufs

12,5 cl de lait

semoule fine, pour saupoudrer

Versez la farine dans un grand saladier et formez un puits au centre. Cassez les œufs et mettez-les dans le puits. Ajoutez le lait, puis commencez à battre le lait et les œufs à l'aide d'une fourchette.

Incorporez la farine petit à petit jusqu'à l'obtention d'une pâte collante. Posez la pâte sur le plan de travail fariné et pétrissez délicatement, en ajoutant de la farine si nécessaire jusqu'à ce que la pâte soit ferme et lisse. Placez la pâte dans un saladier propre et recouvrez-le d'un torchon. Laissez-la reposer pendant 30 min de façon qu'elle se détende et devienne plus élastique.

Sortez la pâte du saladier et divisez-la en six parts égales. Si vous utilisez une machine à pâtes, saupoudrez les morceaux de pâte d'un peu de farine (mais sans excès), puis passez-les l'un après l'autre dans la machine, en commençant par le réglage le plus large et en recommençant en baissant chaque fois le réglage jusqu'à atteindre le plus fin.

Pour ma part, j'étale un morceau de pâte au rouleau à pâtisserie jusqu'à ce qu'il soit le plus fin possible, en partant du centre vers les bords de façon que la pâte ait une épaisseur uniforme. Lorsque la pâte est suffisamment fine, saupoudrez-la de farine, puis enroulez-la sur elle-même. Ensuite, à l'aide d'un couteau pointu, découpez le rouleau en tronçons. Déroulez les pâtes, saupoudrez-les de farine et déposez-les sur une plaque. Renouvelez l'opération avec les autres morceaux de pâte.

Faites cuire les pâtes dans une grande casserole d'eau bouillante salée, de 2 à 3 min, jusqu'à ce qu'elles soient al dente. Égouttez-les et servez-les avec votre sauce préférée ou simplement avec un peu de beurre et de feta.

MACARONIS AU PESTO DE FEUILLES SAUVAGES

Makaronia me horta pesto

150 g de salade sauvage grossièrement hachée (voir page 49 pour des alternatives)

1 gousse d'ail, épluchée

40 g de pignons de pin

kathoura (page 140), ou feta, selon votre goût

6 cl d'huile d'olive

un trait de jus de citron

1 dose de *makaronia* (page 123)

Le pesto se conserve jusqu'à deux jours au réfrigérateur. Vous pouvez aussi le congeler sous forme de glaçons dans un bac pour en agrémenter vos soupes et plats de pâtes ou de poisson tout au long de l'année.

Mettez les feuilles de salade sauvage, l'ail, les pignons de pin et le fromage dans un mortier et écrasez le tout au pilon. Vous pouvez également effectuer cette tâche à l'aide d'un robot mixeur. Il ne sera peut-être pas nécessaire d'utiliser toute l'huile, alors incorporez-la lentement, par petites quantités chaque fois, jusqu'à ce que le pesto ait la consistance d'une sauce. Salez et poivrez et ajoutez un trait de jus de citron. (Il ne sera sans doute pas nécessaire d'ajouter du sel, car la *kathoura* est très salée.) Réservez.

Faites cuire les *makaronia* en suivant la recette page 123, puis égouttez-les, en conservant un peu de leur eau de cuisson dans la casserole. Ajoutez le pesto, remuez délicatement et servez.

PAIN AU LEVAIN

Psomi mayias

250 g de levain

500 g de farine T65 (farine à pain)

1 cuil. à café de miel ou de sucre en poudre

1 cuil. à café de sel

2 cuil. à soupe d'huile d'olive

La matinée que j'ai passée dans la cuisine d'Argiro avec elle et sa belle-fille restera l'un des meilleurs souvenirs de mon séjour à Ikaría. Chaleureuse et généreuse, Argiro m'a accueillie chez elle les bras ouverts.

Ensemble, nous avons préparé le pain au levain typique d'Ikaría. On n'apprend jamais mieux qu'auprès de quelqu'un qui cuisine depuis toujours selon les méthodes traditionnelles ; j'avais l'impression d'assister à une sorte de rituel. Contrairement à ce à quoi je m'attendais, le levain d'Argiro avait une texture assez proche d'une pâte. Elle m'a expliqué que, le réactivant très régulièrement, elle l'avait depuis des années et qu'elle le conservait au réfrigérateur.

Si vous n'avez pas de levain maison, vous pouvez en acheter et suivre les indications sur l'emballage.

Vous devez réactiver le levain 2 h à l'avance. Ajoutez simplement 2 cuil. à soupe de farine et suffisamment d'eau tiède pour obtenir une sorte de pâte épaisse. Couvrez le levain et laissez-le reposer dans un endroit chaud pendant 2 h.

Mélangez le miel ou le sucre en poudre et 25 cl d'eau tiède dans un pichet. Versez la farine tamisée dans un grand saladier, ajoutez le sel, puis formez un puits. Mettez le levain dans le puits, puis ajoutez le contenu du pichet et l'huile d'olive. Incorporez la farine petit à petit jusqu'à l'obtention d'une pâte souple. Je mélange la pâte à la main, mais vous pouvez utiliser une cuillère en bois si vous préférez.

Posez la pâte sur le plan de travail légèrement fariné et pétrissez-la de 12 à 15 min, jusqu'à ce qu'elle soit lisse et élastique.

Remettez la pâte dans le saladier. Couvrez-la d'un torchon et laissez-la lever pendant 2 h ou jusqu'à ce qu'elle ait doublé de volume.

Une fois que la pâte a levé, posez-la sur le plan de travail propre et façonnez-la en boule. Couvrez-la d'un torchon et laissez-la reposer pendant encore 10 min.

Tapissez une plaque à four de papier sulfurisé. Façonnez la pâte selon la forme que vous souhaitez donner à votre pain — vous pouvez créer une boule ou opter pour une forme plus ovale. Déposez-la sur la plaque, puis couvrez-la de nouveau d'un torchon et laissez-la reposer pendant 1 h.

Préchauffez le four à 220 °C (th. 7-8).

Une fois que la pâte a levé, faites une incision en croix à la surface à l'aide d'un couteau très pointu : cela permet au pain de gonfler à la cuisson.

Glissez la plaque dans le four préchauffé. Au bout de 20 min, baissez la température à 200 °C et poursuivez la cuisson de 30 à 40 min ou jusqu'à ce que le pain soit brun doré et qu'il sonne creux lorsqu'on le tapote.

Sortez le pain du four et laissez-le refroidir.

FIX
Kaiser
ΜΑΜΟΣ
Heineken
FIX
GREECE'S FAMOUS PREMIUM BEER
ΜΠΥΡΑ ΑΛΦΑ
20x0,5L
Α
ΑΛΦΑ
Mythos
HELLENIC PREMIUM BEER
50 cl

ΑΦΟΙ ΓΑΒΡΗΛΟΥ ΑΕΒΕ
GAVRILOS BROS S.A.
ΘΡΕΠΤΙΚΗ ΑΞΙΑ ΣΕ 100 gr ΠΡΟΪΟΝΤΟΣ
Ενέργεια
Λιπαρά
-εκ των οποίων κορεσμένα
Υδατάνθρακες
-εκ των οποίων σάκχαρα

PAIN DE CAMPAGNE

Horiatiko psomi

600 g de farine T65 (farine à pain) + un peu pour saupoudrer

7 g de levure sèche active

1 cuil. à café de sel

1 cuil. à café de sucre en poudre

6 cl d'huile d'olive + un peu pour badigeonner

semoule fine, pour saupoudrer

Les quantités indiquées permettent de réaliser deux pains. Vous pouvez varier les farines (essayez par exemple un mélange de farine à pain et de farine complète) et ajouter des graines à la pâte si vous le souhaitez, ou encore des olives dénoyautées, de la feta et des herbes. Cette recette permet mille variantes une fois qu'on maîtrise la technique de base.

Mettez la farine dans un grand saladier et formez un puits au centre. Dans un bol, délayez la levure sèche dans 12,5 cl d'eau tiède. Versez-la ensuite dans le puits. Ajoutez le sel, le sucre en poudre et l'huile d'olive. Mélangez délicatement, soit avec les mains, soit à l'aide d'une cuillère en bois, en ajoutant de l'eau tiède petit à petit jusqu'à l'obtention d'une pâte. Vous aurez besoin d'environ 27,5 cl d'eau tiède.

Posez la pâte sur le plan de travail légèrement saupoudré de semoule fine et pétrissez délicatement jusqu'à ce que la pâte soit élastique et lisse. Placez-la dans un saladier propre, couvrez-la d'un torchon propre et laissez-la lever dans un endroit chaud pendant 2 h ou jusqu'à ce qu'elle ait doublé de volume et soit élastique au toucher. Posez la pâte sur le plan de travail fariné et pétrissez-la de nouveau, en la frappant avec la paume de vos mains pour en évacuer l'air, puis façonnez-la en boule. Remettez-la dans le saladier et laissez-la reposer dans un endroit chaud, recouverte d'un torchon pendant encore 2 h.

Préchauffez le four à 220 °C (th. 7-8). Badigeonnez 2 plaques à four d'un peu d'huile d'olive.

Divisez la pâte en deux et façonnez chaque morceau en boule ou en ovale. À l'aide d'un couteau pointu, formez une entaille en croix à la surface de chaque morceau de pâte : cela permettra au pain de gonfler à la cuisson.

Enfournez pour 40 à 45 min, ou jusqu'à ce que les pains soient dorés et sonnent creux lorsqu'on les tapote. Laissez-les refroidir sur une grille.

TOURTE À LA SALADE SAUVAGE

Hortopita

2 cuil. à soupe d'huile d'olive + un peu pour badigeonner

2 poireaux, lavés et taillés en rondelles

2 oignons jaunes, épluchés et émincés

450 g de salade sauvage, grossièrement hachée (voir page 49 pour des alternatives)

75 g de fenouil sauvage, ciselé

25 g de menthe hachée

30 g de persil haché

7 g d'origan haché

300 g de feta émiettée

POUR LA PÂTE FILO

500 g de farine

1 cuil. à café de sel

6 cl d'huile d'olive

1 cuil. à soupe de vinaigre de vin blanc

25 cl d'eau tiède

fécule de maïs, pour saupoudrer

On m'a souvent parlé de la *hortopita* comme de la « tourte de la longévité », grâce à son importante teneur en salade sauvage, cet ingrédient hautement nutritionnel typique d'Ikaría. Lorsque je sers ce plat accompagné de yaourt à la grecque, cela me transporte immédiatement en Grèce chaque fois.

Pour la pâte filo, mettez la farine et le sel dans un saladier. Formez un puits au centre et versez-y l'huile d'olive et le vinaigre. (Ce dernier favorise la friabilité de la pâte.) Commencez à mélanger, soit avec une cuillère, soit avec les mains, en incorporant de l'eau tiède petit à petit, jusqu'à l'obtention d'une pâte souple. Il vous faudra environ 25 cl d'eau pour cela. Posez la pâte sur le plan de travail fariné et pétrissez-la délicatement jusqu'à ce qu'elle soit lisse, puis remettez-la dans le saladier et couvrez-la d'un torchon. Laissez-la reposer pendant 1 h, le temps de préparer la garniture.

Pour la garniture, faites chauffer l'huile d'olive dans une poêle et faites-y revenir les poireaux et les oignons jusqu'à ce qu'ils soient tendres et dorés.

Versez le contenu de la poêle dans un grand saladier. Ajoutez la salade sauvage, le fenouil, la menthe, le persil et l'origan, puis mélangez. Ajoutez la feta et mélangez tous les ingrédients avec les mains. Vérifiez l'assaisonnement : la feta étant très salée, il ne sera peut-être pas nécessaire d'ajouter du sel.

Préchauffez le four à 180 °C (th. 6).

Posez la pâte filo sur le plan de travail saupoudré de fécule de maïs. Divisez la pâte en 6 boules.

Badigeonnez d'huile d'olive le fond et les bords d'un moule rond de 36 cm de diamètre.

Prenez une boule de pâte et étalez-la au rouleau en un disque de la taille d'une assiette. Badigeonnez-le d'huile d'olive et réservez-le. Étalez une deuxième boule de pâte en un disque identique, puis déposez-le sur le disque précédent et badigeonnez-le d'huile. Renouvelez l'opération avec une autre boule de pâte. Vous allez obtenir un tas de 3 feuilles huilées et superposées. Étalez ce tas au rouleau jusqu'à l'obtention d'un disque adapté à la taille de votre moule, en veillant à ce qu'il soit suffisamment grand pour couvrir les bords. Disposez la pâte au fond du moule.

Versez la garniture sur la pâte et étalez-la uniformément.

Étalez maintenant les 3 autres boules de pâte au rouleau, mais faites en sorte d'obtenir des disques plus larges. Badigeonnez-les d'huile et superposez-les comme précédemment. Disposez ce tas de disques sur la garniture — ils doivent être froissés et non lisses — et scellez bien les bords en pinçant la pâte tout autour. Badigeonnez la surface d'huile d'olive et arrosez-la de quelques gouttes d'eau. Faites cuire la tourte au four pendant 1 h ou jusqu'à ce qu'elle soit dorée et croustillante. Parsemez-la de quelques gouttes d'eau, du bout des doigts, dès la sortie du four ; cela créera de la vapeur, qui permettra de mieux conserver le croustillant de la pâte filo.

Laissez refroidir, puis coupez la tourte en morceaux. Servez chaud ou froid.

TOURTE À L'AMARANTE ET AUX HERBES D'ÉTÉ

Pita me vlita

1 dose de pâte filo (page 134)

2 cuil. à soupe d'huile d'olive + un peu pour badigeonner

450 g de feuilles d'amarante, grossièrement hachées

75 g de fenouil sauvage, haché

35 g de menthe hachée

30 g de persil haché

7 g d'origan haché

300 g de feta émiettée

Le parfum de sous-bois de cette tourte d'été est sublime. Si vous ne trouvez pas d'amarante, vous pouvez utiliser les légumes à feuilles que vous préférez. Servez la tourte accompagnée de yaourt à la grecque.

Préparez la pâte filo de la même manière que dans la recette de la *hortopita* (page 134).

Faites chauffer l'huile d'olive dans une sauteuse et faites-y revenir l'amarante et le fenouil jusqu'à ce qu'ils s'attendrissent et se flétrissent. Retirez la sauteuse du feu et versez son contenu dans un saladier. Ajoutez les herbes et la feta émiettée, puis mélangez bien à l'aide d'une cuillère en bois. Salez et poivrez, si nécessaire.

Préparez la tourte et faites-la cuire comme indiqué dans la recette de la *hortopita*.

Servez-la à température ambiante.

CUEILLETTE SUR LE SENTIER DES CHÈVRES

Un jour, Ilias m'a proposé d'emprunter le sentier des chèvres entre Armenistis et Nas. En chemin, profitant de la fraîcheur du matin, nous nous sommes arrêtés pour cueillir des herbes. Celles-ci servent en cuisine, mais elles entrent aussi dans la confection de remèdes selon des recettes transmises oralement. En saison, on ramasse de la sauge, de la menthe, des pissenlits, du romarin, de la menthe pouliot et de la camomille et on les prépare en infusions chaudes ou froides parfois agrémentées d'un trait de jus de citron ou d'une cuillerée de miel.

Me tendant des herbes qu'il venait de cueillir, Ilias m'a expliqué que c'était la quintessence même d'Ikaría : le fenouil sauvage, avec sa chaude fragrance aromatique et anisée. Nous en avons ramassé encore un peu pour en parfumer les tartes du jour.

Bien souvent, j'ai eu l'impression que les Ikaríens trouvaient la vie moderne plaisamment frivole et qu'ils lui préféraient leur existence à l'ancienne, simple, mais riche. Ilias m'a parlé des périodes de disette où les gens ont survécu en se nourrissant de salade sauvage et de poisson ; nombre de ces recettes ont été préservées. De nos jours, la plupart des Ikaríens cultivent leurs propres fruits, légumes et herbes et beaucoup possèdent une chèvre : ils utilisent son lait pour faire des yaourts et des fromages pour la maisonnée.

Les chèvres paissent dans les montagnes de l'île. Ilias m'a appris que, pendant les moments difficiles, les habitants en mangeaient souvent. Ils la consommaient cuite traditionnellement ou en faisaient de la charcuterie : la *kariotiko pastourma*, que l'on faisait sécher au mois d'août.

Nous nous sommes arrêtés sur le sentier pour admirer le paysage : une végétation luxuriante plantée sur un sol ondoyant et rocailleux, le tout cerné par l'océan à perte de vue.

« C'est pour cela que le lait de chèvre est si bon à Ikaría, m'a assuré Ilias. Regardez la mer, sentez cet air frais, les herbes qu'elles broutent. Cela fait toute la différence. »

FROMAGE
DE CHÈVRE MAISON

Kathoura

Thea fait ce fromage quasiment tous les jours et c'est un pur régal. Plus votre lait sera frais, meilleur sera le fromage. Même si celui-ci est à base de lait de chèvre, son goût est incroyablement doux et sa texture se rapproche de celle de la mozzarella fraîche. On peut le déguster frais ou le laisser durcir et le conserver dans une saumure salée ou de l'huile d'olive.

Vous aurez besoin d'une mousseline pour cette recette. La présure est un enzyme qui permet de séparer le petit-lait du caillé du lait ; on en trouve dans les supermarchés ou les épiceries bio.

2 l de lait de chèvre non pasteurisé

½ cuil. à café de présure

1 pincée de sel

Faites tiédir le lait à feu moyen dans une grande casserole. S'il provient directement du pis d'une chèvre que l'on vient de traire, il sera encore tiède. Portez à ébullition, puis éteignez le feu.

Prélevez 12,5 cl du lait. Ajoutez-y la présure et remuez jusqu'à ce qu'elle soit délayée.

Ajoutez la présure délayée dans la casserole contenant le lait et ajoutez 1 pincée de sel. Remuez à l'aide d'une grande cuillère en métal. Couvrez la casserole d'un torchon et laissez reposer pendant 2 h environ, le temps que la présure fasse coaguler le lait. Vous saurez que c'est prêt quand le lait sera passé de sa forme liquide à une consistance de gel. À ce stade, le caillé et le petit-lait ne seront pas encore totalement séparés.

À l'aide d'un couteau pointu, coupez le « gel » en petits cubes. Plus les morceaux sont petits, plus le fromage sera sec, car moins d'humidité sera conservée. Les deux méthodes se valent, tout dépend simplement de vos préférences. Goûtez et rectifiez l'assaisonnement si nécessaire.

Faites chauffer le caillé et le petit-lait à feu doux jusqu'à ce que le petit-lait soit totalement séparé du caillé.

À l'aide d'une écumoire, transférez le caillé sur un grand tamis préalablement tapissé d'une mousseline. Une fois tout le caillé transféré, saisissez les 4 coins de la mousseline et attachez-les en un nœud serré. Cela permettra de presser plus facilement le caillé pour en extraire l'humidité. Suspendez la mousseline au-dessus d'un saladier et laissez le liquide s'égoutter toute une nuit. Si vous ne pouvez pas attendre 12 h, vous obtiendrez tout de même un fromage frais au bout de 3 ou 4 h.

Déballez le fromage et laissez-le prendre pendant 1 h au réfrigérateur avant de servir.

TOURTE
À LA KATHOURA

Kathouropita

1 dose de pâte filo (page 134)

6 cl d'huile d'olive + un peu pour badigeonner

4 oignons rouges, épluchés et émincés

6 poivrons — rouges, jaunes et verts mélangés —, débarrassés de la membrane blanche et des graines, taillés en lamelles

1 petite poignée d'herbes fraîches mélangées (aneth, persil et menthe), finement hachées

150 g de kathoura (page 140) ou de feta, émiettée

3 œufs

L'alliance des oignons et des poivrons donne à cette tourte un côté légèrement sucré que j'adore. Vous pouvez aussi préparer des tartelettes individuelles garnies de cette préparation.

Préparez la pâte filo de la même manière que dans la recette de la *hortopita* (page 134).

Faites chauffer l'huile d'olive dans une sauteuse et faites-y revenir les oignons et les poivrons jusqu'à ce qu'ils s'attendrissent. Versez le mélange dans un saladier et ajoutez les herbes, le fromage et les œufs. Mélangez le tout avec une cuillère en bois. Salez et poivrez.

Préparez la tourte et faites-la cuire comme indiqué dans la recette de la *hortopita*.

Servez à température ambiante.

TARTE AUX COURGETTES

Kolokithai pita

4 grosses courgettes

½ dose de pâte filo (page 134)

1 petite poignée d'herbes fraîches mélangées (aneth, persil et menthe), finement hachées

250 g de feta émiettée

4 œufs

½ cuil. à café de noix muscade râpée

huile d'olive, pour badigeonner

Vous pouvez garnir cette tarte à l'allure résolument rustique de n'importe laquelle des garnitures présentées dans ce chapitre : le résultat sera toujours authentique et exquis.

Coupez les extrémités des courgettes — il n'est pas nécessaire de les peler —, râpez-les, puis laissez-les dégorger dans une grande passoire.

Préparez la pâte filo de la même manière que dans la recette de la *hortopita* (page 134).

Préchauffez le four à 180 °C (th. 6).

Pressez les courgettes râpées pour en ôter l'excédent de liquide, puis mettez-les dans un saladier. Ajoutez les herbes, la feta émiettée et les œufs, puis mélangez bien avec une cuillère en bois. Salez, poivrez et ajoutez la noix muscade.

Étalez la pâte filo au rouleau en un grand disque et disposez-la au fond d'un moule rond de 32 cm de diamètre de la même façon que les 3 épaisseurs de pâte dans la recette de la *hortopita*. Versez la garniture au centre de la pâte et étalez-la légèrement, en laissant une large bordure tout autour. Rabattez les bords de la pâte sur la garniture, en formant des plis au fur et à mesure. Badigeonnez les bords d'huile d'olive, puis faites cuire au four pendant 30 min ou jusqu'à ce que la pâte soit dorée et la garniture bien ferme.

Servez à température ambiante.

TOURTE AUX CHAMPIGNONS

Manitariapita

1 dose de pâte filo (page 134)

6 cl d'huile d'olive + un peu pour badigeonner

2 oignons, épluchés et émincés

600 g de champignons, taillés en lamelles

25 g de menthe finement hachée

1 cuil. à café de paprika doux

250 g de feta émiettée

La première fois que j'ai goûté cette délicieuse tourte, c'était à la coopérative des femmes, à Christos Raches. Elle fait désormais partie des recettes que je prépare le plus souvent.

Préparez la pâte filo de la même manière que dans la recette de la *hortopita* (page 134).

Versez l'huile d'olive dans une sauteuse et faites-la chauffer à feu moyen. Faites-y revenir les oignons jusqu'à ce qu'ils soient tendres et dorés. Ajoutez les lamelles de champignons et poursuivez la cuisson jusqu'à ce qu'ils brunissent et rendent toute leur eau.

Retirez la sauteuse du feu, puis ajoutez-y la menthe, le paprika doux et la feta. Salez et poivrez, si nécessaire.

Préparez la tourte et faites-la cuire comme indiqué dans la recette de la *hortopita*.

Servez à température ambiante.

TOURTE À LA CITROUILLE

Kolokithopita

1 dose de pâte filo (page 134)

huile d'olive, pour badigeonner

POUR LA VERSION SALÉE

500 g de citrouille (ou de potiron)

2 cuil. à soupe d'huile d'olive

50 g d'épinards frais, hachés

2 cuil. à soupe de menthe grossièrement hachée

2 cuil. à soupe de persil finement haché

2 cuil. à soupe d'origan finement haché

2 cuil. à soupe de fenouil sauvage finement haché

POUR LA VERSION SUCRÉE

750 g de citrouille (ou de potiron)

2 cuil. à soupe d'huile d'olive

1 petit oignon, épluché et râpé

110 g de sucre en poudre

1 cuil. à café de cannelle moulue

100 g de raisins de Smyrne

Voici deux versions de la tarte à la citrouille, l'une salée, l'autre sucrée, à choisir selon vos envies. Elles sont aussi délicieuses l'une que l'autre !

Préparez la pâte filo de la même manière que dans la recette de la *hortopita* (page 134).

Pelez la citrouille et râpez la chair. Laissez-la dégorger pendant 10 min dans une passoire. Ensuite, pressez-la pour en ôter l'excédent de liquide. Faites chauffer l'huile d'olive dans une grande casserole et faites-y revenir la citrouille à feu moyen jusqu'à ce qu'elle soit tendre et que tout le liquide se soit évaporé, soit pendant 10 à 12 min. Retirez la casserole du feu et versez son contenu dans un grand saladier.

Ajoutez tous les ingrédients de la garniture, selon que vous avez choisi la version salée ou sucrée, mélangez bien et laissez reposer.

Préparez la tourte et faites-la cuire comme indiqué dans la recette de la *hortopita*.

Servez à température ambiante.

PETITS FEUILLETÉS AU FROMAGE

Boureka me tyri

250 g de feta, émiettée

4 œufs

½ cuil. à café de de noix muscade râpée

1 dose de pâte filo (page 134)

huile d'olive, pour la cuisson

Ces feuilletés sont extrêmement populaires à Ikaría, et la cuisson à la poêle est une tradition qui a perduré, même si de nos jours, on les fait cuire sur la cuisinière et plus au feu de bois.

Vous pouvez garnir ces feuilletés de n'importe quelle garniture présentée dans ce chapitre. Celle-ci est ma préférée.

Dans un saladier, battez la feta et les œufs au fouet, puis ajoutez la noix muscade et mélangez soigneusement. Réservez.

Préparez la pâte filo de la même manière que dans la recette de la *hortopita* (page 134), mais une fois que la pâte a reposé, divisez-la en 4 boules. Étalez la première au rouleau en un grand rectangle très fin. Coupez-le en carrés d'environ 9 cm de côté. Déposez 1 cuil. à soupe de garniture au centre de chaque carré. Rabattez un tiers de la pâte sur la garniture, puis rabattez l'autre tiers par-dessus, de façon à former un petit rectangle. Pressez les extrémités à la fourchette pour y imprimer un motif, mais aussi pour sceller les feuilletés. Renouvelez l'opération jusqu'à épuisement de la pâte et de la garniture.

Versez 4 cm d'huile au fond d'une sauteuse et faites-la chauffer à feu moyen. Pour vérifier que l'huile est suffisamment chaude pour la cuisson, jetez un peu de farine dedans. Si l'huile commence immédiatement à bouillonner, elle est prête. Lorsque l'huile est chaude, faites-y cuire les feuilletés au fromage.

Vous devrez peut-être les retourner en cours de cuisson s'ils ne sont pas totalement immergés dans l'huile. Ils sont cuits quand ils sont gonflés et dorés.

Déposez-les sur du papier absorbant pour les laisser s'égoutter, puis servez-les chauds.

PRODUITS DE LA MER ET VIANDE

Thalassina kai kreata

FRUITS DE MER
À LA SALADE SAUVAGE

Thalassina me horta

1 kg de fruits de mer (traditionnellement des bigorneaux ou des palourdes)

10 cl d'huile d'olive

3 poireaux, lavés et taillés en rondelles

3 ciboules, lavées et taillées en rondelles

1 bulbe de fenouil, taillé en fines lamelles

1 grosse poignée de fenouil sauvage ou d'aneth, grossièrement haché

1 cuil. à soupe de concentré de tomates

12,5 cl de vin blanc

Ce plat désormais typique à Ikaría a été créé pendant la Seconde Guerre mondiale, lorsque la nourriture manquait. Les femmes récupéraient tout ce qu'elles pouvaient : elles cueillaient des herbes et des légumes sauvages et pêchaient des bigorneaux ou des palourdes. Cette recette fonctionne aussi très bien avec des calamars et d'autres légumes à feuilles comme les épinards ou les endives.

Lavez soigneusement les bigorneaux ou les palourdes à l'eau froide pour en ôter toutes les impuretés.

Faites chauffer l'huile à feu moyen dans une grande sauteuse. Faites-y revenir les poireaux, les ciboules et le fenouil pendant environ 5 min, jusqu'à ce qu'ils soient cuits. Incorporez les herbes.

Dans un pichet, délayez le concentré de tomates avec 12,5 cl d'eau. Versez ce mélange dans la sauteuse, puis ajoutez le vin et mélangez bien avec une cuillère en bois.

Portez à frémissements et ajoutez les fruits de mer, en remuant délicatement. Salez et poivrez selon votre goût.

Couvrez et laissez cuire à légers frémissements de 15 à 20 min, jusqu'à ce qu'ils soient bien cuits. Servez avec du pain frais.

CALAMARS
AU VIN BLANC

Calamars krasates

6 cl d'huile d'olive

750 g d'oignons grelots (ou d'échalotes), épluchés et débarrassés des tiges, mais entiers

1 kg de calamars, nettoyés et taillés en anneaux

3 tomates, râpées (voir page 86)

10 clous de girofle

1 feuille de laurier

½ cuil. à café de sucre en poudre

1 cuil. à café de grains de poivre noir

4 grains de piment de la Jamaïque

12,5 cl de vin blanc

2 cuil. à soupe de vinaigre balsamique ou vinaigre de vin rouge

persil finement haché, pour décorer

Pour cette recette, j'aime bien utiliser du piment de la Jamaïque, car il possède des accents de noix muscade, de clous de girofle, de cannelle et de poivre noir, tandis que les clous de girofle seuls ont une saveur plus douce. Ce sont toutes ces épices parfumées qui confèrent son caractère à ce plat. Vous pouvez aussi y ajouter de la badiane si vous le souhaitez.

Je vous conseille de servir ces calamars avec des macaronis maison, ou *makaronia* (page 123).

Faites chauffer l'huile dans une grande poêle et faites-y revenir les oignons à feu moyen de 3 à 4 min. Ajoutez tous les autres ingrédients à l'exception du persil et versez 12,5 cl d'eau dans la poêle. Remuez bien, couvrez et laissez cuire à frémissements à feu moyen pendant environ 1 h, ou jusqu'à ce que les calamars soient tendres, que les oignons aient ramolli et que la sauce ait réduit et épaissi. Surveillez régulièrement la cuisson afin de vous assurer qu'il reste suffisamment de liquide dans la poêle. Ajoutez un peu d'eau si le mélange est trop sec.

Parsemez de persil et servez chaud.

CALAMARS GRILLÉS

Calamars psimeno

1 kg de calamars entiers, nettoyés

12,5 cl de vinaigre

huile d'olive, pour assaisonner

citrons, pour assaisonner

origan séché, pour décorer

Les Ikaríens sont des pêcheurs expérimentés et de nombreuses familles consomment le produit de leur propre pêche. Celles qui ne le font pas connaissent toujours un bon poissonnier chez qui acheter des poissons et fruits de mer bons et frais.

Les fruits de mer sont particulièrement appréciés sur l'île. Et ce sont souvent les plats les plus simples, qui comptent très peu d'ingrédients, qui sont les plus savoureux.

Plongez les calamars dans une grande casserole d'eau bouillante additionnée du vinaigre, puis laissez-les cuire à frémissements de 45 à 60 min : cela leur donnera une texture fondante, et non caoutchouteuse comme cela peut être le cas avec des calamars mal cuits.

Disposez les calamars sur la grille du barbecue et faites-les cuire à feu vif jusqu'à ce qu'ils soient dorés et qu'ils noircissent légèrement sur les bords. Pensez à les retourner en cours de cuisson.

Coupez les calamars en morceaux, puis mettez-les sur un plat de service. Arrosez-les d'huile d'olive, pressez un peu de jus de citron par-dessus et parsemez d'origan. Salez et poivrez généreusement au moulin.

SARDINES GRILLÉES À L'HUILE D'OLIVE ET AU CITRON

Sardella stin skara me ladocitrono

500 g de sardines fraîches

6 cl d'huile d'olive

1 gousse d'ail, épluchée et écrasée

1 cuil. à soupe d'origan séché

persil, pour décorer

quartiers de citron, pour accompagner

POUR LA SAUCE À L'HUILE D'OLIVE ET AU CITRON

10 cl d'huile d'olive

5 cl de jus de citron fraîchement pressé

1 cuil. à soupe d'herbes mélangées (persil, menthe, aneth, basilic, thym ou origan) finement hachées

Les sardines sont très populaires dans toute la Grèce, et c'est grillées, accompagnées de quartiers de citron, qu'elles sont le plus appréciées. J'aime tout particulièrement cette sauce à l'huile d'olive et au citron, qui se marie avec n'importe quel poisson grillé ou poêlé. Vous pouvez utiliser les herbes de votre choix, mais c'est le persil qui vient traditionnellement rehausser les plats de poisson.

Pour la sauce à l'huile d'olive et au citron, mélangez simplement tous les ingrédients dans un bol à l'aide d'une cuillère. Vous pouvez aussi les placer dans un bocal, saler et poivrer, puis fermer le bocal avec un couvercle et secouer énergiquement jusqu'à ce que tous les ingrédients soient mélangés.

Préparez les sardines : coupez-leur la tête, puis entaillez leur ventre à l'aide d'un couteau pointu pour en retirer les viscères. Lavez-les soigneusement sous l'eau froide.

Versez l'huile d'olive dans un saladier, ajoutez l'ail écrasé et l'origan séché, puis salez et poivrez. Mélangez bien. Badigeonnez les sardines de cette marinade, puis placez-les sur la grille du barbecue ou sur une plancha. Faites-les cuire de 3 à 4 min, en fonction de leur taille, puis retournez-les, badigeonnez-les de nouveau de marinade et faites-les cuire pendant encore 3 ou 4 min.

Posez les sardines grillées sur un plat de service, arrosez-les de la sauce à l'huile d'olive et au citron, et parsemez-les de persil. Servez-les accompagnées de quartiers de citron.

POISSON FRIT

Psari tiganito

4 petits poissons (daurade ou rouget), évidés

farine, pour enrober

huile d'olive, pour la friture

quartiers de citron, pour accompagner

S'il y a un plat que j'aime manger en Grèce, surtout quand je suis au bord de la mer, c'est du poisson accompagné de salade sauvage.

Vous pouvez préparer ces poissons encore plus simplement en les saupoudrant seulement de farine, l'un après l'autre, juste une fois, avant de les poêler. Ils seront aussi délicieux que s'ils étaient frits. Vous pouvez les servir avec des frites maison, si vous le souhaitez.

Lavez soigneusement les poissons et séchez-les bien avec du papier absorbant. Préparez deux assiettes creuses : l'une contenant la farine, l'autre remplie d'eau.

Versez 2 cm d'huile d'olive dans une poêle à bords hauts et faites-la chauffer à feu moyen. Pour vérifier que l'huile est suffisamment chaude pour la cuisson, jetez un peu de farine dedans. Si l'huile commence immédiatement à bouillonner, elle est prête.

Prenez un poisson, passez-le dans la farine pour l'enrober uniformément, puis passez-le rapidement dans l'eau, puis de nouveau dans la farine. Secouez-le doucement pour ôter l'excédent de farine. Il est aussi possible de passer simplement le poisson une fois dans la farine, si vous préférez.

Placez le poisson dans l'huile chaude et faites-le cuire des deux côtés jusqu'à ce qu'il soit doré et croustillant en surface. Ne mettez pas trop de poissons dans la poêle en même temps, car l'huile refroidirait et ils cuiraient à la vapeur plus qu'à l'huile. Égouttez les poissons frits sur du papier absorbant. Salez-les et poivrez-les.

Servez-les chauds, entourés de quartiers de citron. Proposez une salade en accompagnement, si vous le souhaitez.

SOUPE DE POISSON

Psarosoupa avgocitrono

400 g de petits poissons (daurade ou rouget)

6 cl d'huile d'olive + un peu pour assaisonner

1 oignon, épluché et coupé en quatre

2 pommes de terre, pelées et taillées en dés

4 branches de céleri sauvage, coupées en morceaux, feuilles incluses

2 carottes, pelées et coupées en morceaux

citron, pour en presser le jus

1 petite poignée de persil, grossièrement haché

Le céleri sauvage d'Ikaría est fabuleux, et ce n'est qu'après en avoir ramassé un bouquet que je me suis rendu compte que c'était du céleri. Ses tiges sont longues et fines et ne ressemblent pas à celles du céleri auxquelles nous sommes habitués, mais l'arôme est le même. Il accommode à merveille les soupes et les plats mijotés. Si vous ne trouvez pas de céleri sauvage, vous pouvez utiliser son cousin classique.

Cette soupe rustique gorgée de saveurs est nutritive et apaisante. À Ikaría, on sert généralement le bouillon en complément du poisson et des légumes, mais vous pouvez y ajouter du riz pour un plat plus substantiel.

Lavez soigneusement les poissons à l'eau froide. Écalez-les à l'aide d'un couteau, puis incisez leur ventre sur toute la longueur et retirez les viscères avec les doigts ou une cuillère. Rincez les poissons et essuyez-les avec du papier absorbant.

Faites chauffer l'huile d'olive à feu moyen dans une grande casserole et faites-y revenir les quartiers d'oignons pendant 3 ou 4 min, jusqu'à ce qu'ils soient tendres. Ajoutez les poissons et poursuivez la cuisson pendant 4 min. Ajoutez les légumes préparés, puis couvrez d'eau froide à hauteur. Salez et poivrez.

Portez à ébullition, baissez le feu et laissez cuire à frémissements de 15 à 20 min, jusqu'à ce que tous les ingrédients soient cuits.

Retirez les poissons et les légumes de la casserole et disposez-les sur un plat de service. Arrosez-les d'un peu d'huile d'olive et d'un trait de jus de citron, et parsemez-les de persil haché.

Filtrez le bouillon et servez-le chaud, rehaussé d'un trait de jus de citron.

VIN, PAYSAGE ET ENVIRONNEMENT

D'après la légende, Dionysos, le dieu grec du vin et de l'allégresse, serait né sur le mont Atheras (anciennement Pramnos), à Ikaría. On raconte que la divinité aurait offert le puissant vin rouge de Pramnos aux habitants de l'île en guise d'au revoir. Il a été le premier vin du monde à porter un nom géographique, d'après les récits d'Homère et les écrits de la Grèce ancienne.

Il y a encore des vignes sur l'île, notamment le cépage Fokiano, utilisé pour produire le vin local. Dans l'*Iliade*, Homère décrit les guerriers d'antan buvant du *kikeonas*, une boisson composée de vin de Pramnos, de fromage de chèvre, de farine d'orge et d'herbes, qui était censé les rendre puissants et invincibles.

Né dans l'Antiquité, apprécié des guerriers comme des dieux, le vin est l'un des secrets de la longévité des habitants d'Ikaría. Et ceux-ci ne manquent pas de rendre hommage à Dionysos au cours des *panayiri*.

À Profitis Ilias se trouve la cave à vins Afianes Wines, fondée par Nikos Afianes et sa femme, Maria, il y a une vingtaine d'années. Leurs deux enfants ont désormais rejoint l'entreprise. Leur idée de départ était de créer un lieu où les gens pourraient découvrir le vin et le célébrer comme on le fait à Ikaría. Afianes a conservé les techniques ancestrales de vinification, mais il a également introduit des méthodes contemporaines, ce qui lui a permis de se faire un nom sur la scène internationale.

Lefteri, qui travaille à l'Afianes winery, nous a emmenés visiter le vignoble et, tandis que nous déambulions entre les ceps, la conversation s'est orientée sur Ikaría et son indépendance culturelle par rapport aux autres régions du pays. Il a affirmé : « Ikaría est différente du reste de la Grèce. Et dans le passé aussi, les habitants ont agi différemment. »

« Pendant les guerres ottomanes, la plupart des pays d'Europe ont édifié des forteresses en haut des collines pour surplomber les environs et voir l'ennemi arriver de loin. Mais à Ikaría, ils ont construit des maisons plutôt que de lourds bâtiments en pierre : des logis épars, dissimulés dans la végétation. Au lieu de montrer aux envahisseurs qu'ils étaient là, ils se sont cachés dans le paysage et les Ottomans n'ont même pas su qu'ils étaient sur l'île. »

Grâce à cette discussion, j'ai compris que l'environnement faisait non seulement partie intégrante du mode de vie, de la santé et de l'activité sur l'île, mais qu'il avait aussi joué un rôle clé dans l'histoire en permettant à Ikaría de se démarquer du reste des îles grecques et des autres pays.

Mais Ikaría possède d'autres trésors naturels, en particulier ses sources chaudes riches en radium. Celles-ci se déversent dans la mer au niveau du village de Therma. Situé dans une baie pittoresque avec ses criques bordant des eaux turquoise, le lieu a quelque chose de magique : sur le front de mer sont alignés des cafés, des boulangeries et des restaurants de fruits de mer traditionnels ; la côte et les hauteurs sont piquetées de maisons blanchies à la chaux, dont les balcons débordent de fleurs.

Depuis des temps immémoriaux, les sources chaudes constituent un élément essentiel du bien-être des habitants de l'île. Nombreux sont ceux qui s'y rendent dans l'espoir d'apaiser et de traiter leurs maux, qu'il s'agisse d'arthrite, de problèmes de peau, d'infertilité ou d'anxiété.

À travers ses mots, Lefteri m'a entraînée dans l'histoire de l'île, mais il m'a aussi appris qu'Ikaría, avec toutes ses richesses naturelles, a toujours vécu à son propre rythme. « Le temps n'a pas de prise sur nous, m'a-t-il dit, c'est nous qui prenons le temps dont nous avons besoin. »

IKAPIA 2011
IKAPIA 2011

RAGOÛT DE POULET AUX GOMBOS

Bamiyes me kotopoulo yiahni

10 cl d'huile d'olive

1 poulet de 1,5 kg, coupé en 8 morceaux (vous pouvez utiliser 8 cuisses de poulet si vous préférez)

1 oignon, épluché et râpé

1 gousse d'ail, épluchée et écrasée

6 tomates, râpées (voir page 86) ou 400 g de tomates en boîte

5 cl de vin blanc

½ cuil. à café de sucre en poudre

1 feuille de laurier

3 brins d'origan ou 1 cuil. à café d'origan séché

2 pommes de terre, pelées et coupées en gros cubes

500 g de gombos

feta, pour accompagner

olives, pour accompagner

J'affectionne tout particulièrement ce plat, que je savoure toujours avec beaucoup de pain pour saucer le jus dans l'assiette. Je ne manquais jamais d'en prendre lorsqu'il était au menu à l'auberge Thea's Inn.

Vous pouvez supprimer le poulet pour créer une version végétarienne de ce plat. Servez-le accompagné de pommes de terre sautées.

Faites chauffer l'huile d'olive à feu moyen dans une grande casserole. Faites-y dorer 2 ou 3 morceaux de poulet de toutes parts, de 6 à 8 min. Réservez les morceaux sur une assiette et faites dorer les autres, en plusieurs fois.

Mettez l'oignon râpé et l'ail dans la casserole et faites-les revenir jusqu'à ce qu'ils soient tendres. Replacez les morceaux de poulet dans la casserole, puis remuez délicatement.

Ajoutez les tomates sur le poulet et mélangez. Versez le vin et couvrez d'eau à hauteur. Ajoutez le sucre en poudre et les herbes. Salez et poivrez.

Couvrez et laissez cuire à légers frémissements pendant 30 min, jusqu'à ce que le poulet soit quasiment cuit et que la sauce ait légèrement épaissi. Vous pouvez également faire cuire l'ensemble, dans une cocotte munie d'un couvercle, au four préchauffé à 180 °C (th. 6).

Ajoutez les pommes de terre et faites-les cuire pendant 10 min, puis ajoutez les gombos et secouez délicatement la casserole pour les répartir uniformément. Ajoutez un peu d'eau si nécessaire. Couvrez et laissez cuire à frémissements pendant encore 30 min, ou jusqu'à ce que le poulet, les pommes de terre et les gombos soient bien cuits.

Servez avec de la feta et des olives.

BOULETTES DE PORC

Keftethes hirino

300 g de pain, déchiré en morceaux, débarrassé de la croûte

12,5 cl de lait

500 g de chair à saucisse

1 gros oignon, épluché et râpé

1 petite poignée d'herbes mélangées (menthe, persil et aneth), finement hachées

1 œuf

huile d'olive, pour la cuisson

Ces délicieuses *keftethes* sont parfaites dans un plateau de mezze ou accompagnées de frites maison et d'une salade verte. Vous pouvez également les servir froides le lendemain, avec une simple salade. Ma mère avait pour habitude d'enrober les boulettes d'un peu de farine avant de les faire cuire pour qu'elles luisent encore davantage.

Le pain trempé dans du lait et l'œuf forment un liant qui permet aux boulettes de rester bien tendres et moelleuses à la cuisson.

Mettez les morceaux de pain dans un saladier et versez le lait par-dessus. Couvrez et laissez le pain absorber le lait et se ramollir.

Placez la chair à saucisse dans un autre saladier et ajoutez l'oignon râpé, les herbes et l'œuf. Retirez le pain du lait, pressez-le pour ôter l'excédent de liquide et ajoutez-le à la chair à saucisse. Salez et poivrez. Mélangez tous les ingrédients avec les mains, puis prélevez de petites portions de la préparation et formez des boulettes de la taille d'une noix.

Versez 3 cm d'huile d'olive dans une sauteuse et faites-la chauffer à feu moyen. Pour savoir si l'huile est suffisamment chaude, déposez-y un peu du mélange au porc : si l'huile grésille tout de suite, cela signifie qu'elle est prête pour la cuisson.

Faites cuire les boulettes dans l'huile, en veillant à ne pas en mettre trop en même temps dans la sauteuse. Retournez-les plusieurs fois jusqu'à ce qu'elles soient dorées et bien cuites. Renouvelez l'opération jusqu'à épuisement des ingrédients.

Servez chaud ou tiède.

SOUPE À LA CHÈVRE ET AUX LÉGUMES

Katsiki kai lahanika

500 g de viande de chèvre (avec les os), coupée en morceaux

gros sel

3 cuil. à soupe d'huile d'olive + un peu pour assaisonner

1 oignon, épluché et taillé en dés

2 gousses d'ail, épluchées et écrasées

400 g de pommes de terre, pelées et taillées en dés

250 g de carottes, pelées et taillées en rondelles

2 branches de céleri, coupées en rondelles

2 feuilles de laurier

citron, pour accompagner

persil grossièrement haché, pour décorer

À défaut de viande de chèvre, vous pouvez réaliser cette soupe avec de l'agneau ou du poulet. Accompagnez-la de pain frais, de feta, d'olives et de pickles.

Rincez soigneusement la viande de chèvre sous l'eau froide. Parsemez-la de gros sel et laissez-la reposer de 20 à 30 min (le sel permet d'atténuer le goût, très fort, de la viande de chèvre). Rincez de nouveau la viande avant de la faire cuire.

Faites chauffer l'huile d'olive à feu vif dans une grande casserole. Déposez-y la viande de chèvre et saisissez-la de toutes parts. Retirez la viande et réservez-la dans une assiette. Baissez le feu sous la casserole, puis faites-y revenir l'oignon et l'ail à feu moyen jusqu'à ce qu'ils soient tendres et que leur parfum s'exhale. Remettez la viande dans la casserole et recouvrez-la d'eau : elle doit être totalement immergée. Portez à ébullition. Baissez le feu et laissez cuire à frémissements pendant 1 h ou jusqu'à ce que la viande soit tendre, en ôtant régulièrement l'écume qui se forme à la surface.

Ajoutez les légumes et les feuilles de laurier. Salez et poivrez. Laissez cuire à feu doux pendant encore 1 h, ou jusqu'à ce que la viande se détache des os et que les légumes soient bien cuits. Prélevez quelques morceaux de pommes de terre à l'aide d'une écumoire, écrasez-les à la fourchette, puis remettez la purée dans la soupe pour lui donner une consistance plus épaisse.

Servez la soupe arrosée d'un filet d'huile d'olive et d'un trait de jus de citron, et parsemée d'un peu de persil et de poivre.

RAGOÛT DE CHÈVRE

Stifado katsiki

1,5 kg de gigot de chèvre, désossé et taillé en cubes

50 cl de vin rouge

8 cl d'huile d'olive + un peu, si nécessaire

1 kg d'oignons grelots

4 grains de piment de la Jamaïque

2 bâtons de cannelle

10 clous de girofle

10 grains de poivre

3 feuilles de laurier

2 cuil. à soupe de concentré de tomates

persil grossièrement haché, pour décorer

Le *stifado*, un ragoût rustique qui fond délicieusement en bouche, peut être préparé avec du veau ou du bœuf si vous ne trouvez pas de viande de chèvre. Les épices et les oignons lui apportent une note légèrement sucrée que j'adore. Traditionnellement servi avec des risonis, des pâtes faites maison ou des pommes de terre, ce plat est très rassérénant. Prévoyez du pain pour saucer la savoureuse sauce tomatée.

Mettez la viande de chèvre et le vin dans un saladier, couvrez-le et laissez la viande mariner au réfrigérateur pendant 4 h, voire toute une nuit, pour l'attendrir.

Égouttez la viande et essuyez-la avec du papier absorbant. Réservez le vin.

Faites chauffer l'huile d'olive sur feu moyen à vif dans une cocotte et saisissez-y la viande, en plusieurs fois, jusqu'à ce qu'elle soit dorée de toutes parts. Retirez la viande et réservez-la. Mettez les oignons à la place dans la cocotte, ajoutez un peu d'huile si nécessaire, et faites revenir les oignons pendant environ 5 min, jusqu'à ce qu'ils soient tendres et que leur parfum s'exhale. Remettez la viande dans la cocotte, versez le vin de la marinade par-dessus et remuez bien. Ajoutez les épices et les feuilles de laurier, puis remuez. Délayez le concentré de tomates dans un peu d'eau, puis versez-le dans la cocotte.

Laissez cuire à frémissements, à couvert, pendant environ 1 h ou jusqu'à ce que la viande soit tendre. J'aime bien préparer ce plat sur la cuisinière, mais vous pouvez aussi le faire cuire au four préchauffé à 180 °C (th. 6), à couvert, pendant 1 h, si vous préférez.

Servez chaud parsemé de persil.

DOUCEURS SUCRÉES

Glika

YAOURT AU MIEL ET AU TAHIN

Yiaourti me meli kai tahin

2 cuil. à soupe de yaourt à la grecque

1 cuil. à soupe de tahin

1 cuil. à soupe de miel

1 cuil. à soupe de noix concassées (facultatif)

Cette recette ultra simple est parfaite pour le petit déjeuner ou pour un en-cas à toute heure de la journée. Je me souviens que Thea savourait ce yaourt tous les matins et j'ai très vite adopté son habitude.

Mettez une cuillerée ou deux de yaourt dans un ramequin et nappez-le de tahin et de miel. J'adore ajouter des noix concassées par-dessus.

RIZ AU LAIT

Rizogalo

Le *rizogalo* a le pouvoir de me transporter instantanément en enfance. Je ne connaissais pas cette version découverte à Ikariá, mais elle est tout à fait délicieuse. Selon moi, le nuage de cannelle transcende littéralement le dessert.

Portez 37,5 cl d'eau à ébullition à feu vif dans une casserole. Ajoutez le riz, baissez le feu au minimum, puis laissez cuire jusqu'à ce que toute l'eau ait été absorbée.

Ajoutez le lait et les écorces de citron, puis poursuivez la cuisson à feu doux, en remuant de temps à autre afin que le riz n'accroche pas au fond de la casserole. Quand le riz est cuit, ajoutez le sucre en poudre et mélangez. Laissez cuire pendant encore 2 min. Prélevez un peu de riz à l'aide d'une écumoire, écrasez-le en purée avec une fourchette, puis remettez-le dans la casserole : l'amidon du riz va faire office d'épaississant.

Retirez la casserole du feu, répartissez le riz au lait dans des ramequins, puis laissez refroidir à température ambiante avant de servir. Saupoudrez d'un peu de cannelle si vous le souhaitez.

Vous pouvez conserver le riz au lait au réfrigérateur pendant 24 h. Il est délicieux servi très froid.

150 g de riz à grains courts

1 l de lait de chèvre bio

3 lamelles d'écorce de citron

80 g de sucre en poudre

cannelle moulue, pour décorer

CITRONNADE MAISON

Spitiki citronada

250 g de sucre en poudre

75 cl d'eau pétillante

25 cl de jus de citron fraîchement pressé

feuilles de menthe, pour décorer

Pour tirer le meilleur parti des citrons, roulez-les sur une surface dure avant de les presser. Je vous conseille de conserver du jus de citron frais dans les alvéoles d'un bac à glaçons afin de pouvoir réaliser de la citronnade chaque fois que vous le voudrez.

Mettez le sucre en poudre et 25 cl d'eau pétillante dans une casserole, portez à frémissements et laissez cuire à feu doux jusqu'à ce que le sucre soit dissous.

Laissez refroidir. Ajoutez le jus de citron et le reste d'eau pétillante, puis servez glacé, orné de feuilles de menthe.

CONFITURE DE PÉTALES DE ROSE

Triantafylla marmelada

200 g de pétales de rose

600 g de sucre en poudre

le jus de 1 citron

Un doux parfum sucré flotte dans la cuisine lorsqu'on prépare cette confiture, faisant renaître les jours d'été. Elle est délicieuse avec du yaourt à la grecque ou simplement tartinée sur une tranche de pain beurré.

Rincez délicatement les pétales de rose à l'eau froide, puis mettez-les dans un grand saladier avec la moitié du sucre en poudre et le jus de citron. Mélangez doucement le tout avec les mains, en veillant à ne pas déchirer les pétales. Ils vont commencer à libérer leur arôme et à se déliter.

Versez 60 cl d'eau dans une grande casserole et ajoutez le reste de sucre en poudre. Portez à frémissements et laissez cuire en remuant jusqu'à ce que le sucre soit dissous. Ajoutez les pétales de rose, portez à ébullition et laissez cuire à frémissements de 20 à 30 min environ, jusqu'à ce que le sirop de sucre commence à épaissir. Surveillez la cuisson, et remuez lorsque le mélange épaissit et commence à ressembler à un sirop soyeux.

Répartissez la confiture dans des bocaux préalablement stérilisés. (Pour les instructions sur la manière de stériliser les bocaux, voir page 49.) Fermez les bocaux hermétiquement, puis retournez-les pour quelques minutes. Vous pouvez conserver la confiture dans des bocaux fermés pendant 2 ans. Une fois un bocal ouvert, la confiture se conserve au réfrigérateur jusqu'à 3 mois.

KANTINA

DOUCEUR DE GRIOTTE
À LA CUILLÈRE

Visino glyko tou koutaliou

500 g de griottes fraîches, lavées, équeutées et dénoyautées

500 g de sucre en poudre

1 cuil. à soupe de jus de citron

Les *glyko tou koutaliou*, littéralement « douceurs à la cuillère », sont synonymes d'hospitalité chez les Grecs. Chaque fois que vous rendrez visite à quelqu'un, on vous en servira (généralement une grosse cuillerée posée sur une soucoupe) avec une tasse de café grec et un verre d'eau.

Il existe quantité de variantes de cette recette : à base d'écorce d'orange, de figues, de coings ou encore de noix. Les *visino*, ou griottes, poussent dans les régions montagneuses d'Ikaría. Rouge vif lorsqu'on les cueille, elles conservent leur couleur même une fois cuites.

Disposez les griottes côte à côte au fond d'une grande casserole de façon à recouvrir entièrement la base. Recouvrez-les de sucre en poudre. Renouvelez l'opération avec les cerises et le sucre restants. Laissez le mélange macérer, à couvert, jusqu'à 6 h à température ambiante ou toute une nuit au réfrigérateur.

Si vous avez réservé les griottes au réfrigérateur, laissez-les revenir à température ambiante. Posez la casserole sur la cuisinière et faites chauffer le mélange à feu doux, en ajoutant 12,5 cl d'eau et le jus de citron.

À partir du moment où la préparation commencera à frémir, vous devrez retirer l'écume qui se forme à la surface. Laissez cuire à frémissements de 20 à 30 min environ, en veillant à ce que le sirop ne brûle pas. La préparation sera prête lorsque le sirop nappera le dos de la cuillère avec laquelle vous mélangez.

Laissez refroidir. Répartissez le mélange dans des bocaux stérilisés (pour les instructions sur la manière de stériliser les bocaux, voir page 49), fermez les bocaux hermétiquement, puis retournez-les pour quelques minutes.

Servez avec un café grec et un verre d'eau. Conservez le bocal au réfrigérateur.

TARTE À LA CONFITURE

Tarta me marmelada

125 g de beurre doux, ramolli
+ un peu pour badigeonner

1 cuil. à café de sucre en poudre

1 œuf

le zeste de ½ citron

250 g de farine

315 g de confiture d'abricots

1 jaune d'œuf, pour badigeonner

Pour réaliser cette tarte, les habitants d'Ikariá utilisent la plupart du temps de la confiture réalisée à partir d'abricots de l'île. La pâte, délicieusement friable, croustillante et sucrée, complète à merveille l'acidité de la confiture.

Préchauffez le four à 180 °C (th. 6).

Dans un saladier, battez le beurre et le sucre en poudre au fouet électrique jusqu'à l'obtention d'un mélange léger et aérien. Ajoutez l'œuf et battez de nouveau. Continuez ensuite de remuer avec une cuillère en bois. Ajoutez le zeste de citron et 1 cuil. à soupe d'eau, et incorporez la farine petit à petit jusqu'à l'obtention d'une pâte. Posez-la sur le plan de travail fariné et pétrissez-la délicatement jusqu'à ce qu'elle soit homogène — ne la pétrissez pas trop, car elle durcirait. Laissez-la reposer de 30 min à 1 h.

Badigeonnez un plat à tarte de 28 cm de diamètre d'un peu de beurre fondu.

Prélevez un quart de la pâte et réservez-la. Étalez le reste de pâte sur le plan de travail fariné : vous devez obtenir un disque légèrement plus large que le plat à tarte. Étalez délicatement la pâte au fond du plat. Si elle se brise, pressez avec les doigts pour combler les trous.

Étalez la confiture d'abricots sur le fond de tarte en une couche uniforme.

Étalez le morceau de pâte réservé au rouleau en un rectangle et découpez-y des bandes de 2 cm de largeur. Disposez ces bandes sur la confiture, en formant un quadrillage, et pressez bien sur les bords pour fixer la pâte.

Badigeonnez la pâte de jaune d'œuf, puis faites cuire la tarte au four pendant 30 min ou jusqu'à ce que la surface soit brun doré.

Laissez refroidir et servez à température ambiante.

TARTE DE PÂTE FILO À L'ORANGE ET AU SIROP

Portokalopita

beurre clarifié fondu, pour badigeonner

400 g de pâte filo prête à l'emploi

yaourt à la grecque, pour accompagner

1 filet de miel, pour assaisonner

POUR LA GARNITURE

4 œufs

100 g de sucre en poudre

20 cl d'huile végétale

3 cuil. à soupe de zeste d'orange râpé

2 cuil. à café d'extrait de vanille liquide

2 cuil. à café de levure chimique

285 g de yaourt à la grecque

POUR LE SIROP

345 g de sucre en poudre

25 cl de jus d'orange

3 cuil. à soupe de zeste d'orange râpé

1 bâton de cannelle

3 clous de girofle

J'ai goûté ce délice pour la première fois à la coopérative des femmes. Et il n'y a rien de surprenant à ce que ce soit leur gâteau le plus demandé !

Il est à la fois crémeux, croustillant et délicieusement piquant. Servez-le avec une cuillerée de yaourt à la grecque, voire une boule de glace, les jours d'été.

Préchauffez le four à 180 °C (th. 6). Badigeonnez de beurre le fond et les côtés d'un moule à manqué ou d'un moule à gâteau rectangulaire de 25 cm x 35 cm.

Pliez ou froissez chaque feuille de pâte filo avec les mains et disposez-les dans le moule. Si vous utilisez un moule rond, partez du centre vers les côtés, jusqu'à ce que tout le plat soit recouvert. Si vous utilisez un moule rectangulaire, pliez chaque feuille en accordéon et disposez-les côte à côte dans le moule jusqu'à ce que tout le plat soit recouvert.

Enfournez pour 6 à 8 min, jusqu'à ce que la pâte filo soit croustillante au toucher. Sortez le moule et laissez le four allumé.

Pour la garniture, mettez les œufs, le sucre en poudre, l'huile, le zeste d'orange et l'extrait de vanille dans un grand saladier, puis battez l'ensemble au fouet électrique jusqu'à ce que le mélange soit léger et aérien. Ajoutez la levure chimique et le yaourt, puis remuez délicatement.

Répartissez la garniture sur la base de pâte filo en une couche uniforme. Laissez-la reposer pendant 5 min, le temps que le mélange s'insinue dans tous les plis de la pâte. Enfournez pour 25 à 30 min, jusqu'à ce que la surface soit dorée.

Pendant la cuisson de la tarte, préparez le sirop. Mettez le sucre en poudre, le jus d'orange, le zeste d'orange, le bâton de cannelle, les clous de girofle et 25 cl d'eau dans une casserole et portez à ébullition, puis baissez le feu et laissez infuser à frémissements pendant 5 min.

Lorsque la tarte est cuite, sortez-la du four et nappez-la sans attendre de sirop chaud. Laissez-la reposer le temps que tout le sirop ait été absorbé.

Servez froid avec une cuillerée de yaourt arrosé d'un filet de miel.

ΔΕΛΤΙΟ
ΠΟΣ.
ΕΙΔΟΣ
ΤΙΜΗ
ΑΞΙΑ
1 Πορτοκαλόπιτα
1 Καφε μετριο
3
2
ΣΑΣ ΕΥΧΑΡΙΣΤΟΥΜΕ

LE MIEL

Le miel d'Ikaría est réputé dans le monde entier pour ses bienfaits pour la santé. D'aucuns affirment d'ailleurs qu'il contribue à la longévité des habitants. On trouve sur l'île du miel de thym, de pin et de différentes fleurs sauvages. J'ai une préférence pour le miel de thym, pour sa saveur légèrement herbacée.

À Nas, on m'a fortement incitée à aller rendre visite à Liza, à la miellerie Melissavet. Liza est apicultrice ; elle s'occupe de ses ruches dans une propriété idyllique sur la côte.

Bien que je sois arrivée quasiment à l'improviste, elle m'a tout de suite accueillie avec gentillesse. Son petit bureau se trouve dans un bâtiment pittoresque en pierre, où elle conserve les bocaux de miel des dernières saisons destinés à la vente. Elle m'en a passé quelques-uns et j'ai pu observer les variétés de couleur et de texture : certains étaient sombres et sirupeux, d'autres clairs et coulants.

Liza gère seule son entreprise ; elle effectue toutes les tâches elle-même et la passion est palpable dans sa voix quand elle évoque ses abeilles. Elle m'a parlé de leur monde unique, de leur cycle de vie et de la pollinisation croisée qui leur permet de préserver l'espèce.

Après une courte marche sur une pente rocailleuse, Liza a ouvert l'une de ses ruches, dévoilant une nuée d'abeilles agglutinées sur les alvéoles. Elle les a délicatement enfumées, puis elle a retiré un cadre de la ruche et a placé la main juste au-dessus des abeilles. Lorsqu'elle l'a retirée, plusieurs abeilles l'ont suivie. Les tenant dans sa main, elle a décrit la sensation comme un doux coton sur la peau.

BEIGNETS AU MIEL

Loukoumades

600 g de farine, tamisée

1 pincée de sel

7 g de levure sèche active

50 cl d'eau tiède

1 cuil. à soupe de miel + 350 g, pour arroser

huile végétale, pour la cuisson

115 g de noix concassées, pour agrémenter

cannelle moulue, pour décorer

Le monastère de Theoktistis est situé dans les montagnes, à Pygi, un village du nord de l'île. Il a été bâti en l'honneur de sainte Théoctiste, originaire de l'île de Lesvos. (Selon la tradition, Lesvos est reliée symboliquement à Paros et Ikaría.) La date exacte de sa construction est incertaine et aucun moine n'y vit plus à l'heure actuelle, mais certaines inscriptions et de superbes fresques attestent de son activité en 1688.

La gardienne, Maria, accueille les visiteurs. Elle tient un petit café sur le site, où l'on peut acheter des herbes et des épices locales ainsi que des pâtisseries maison. Nous avons commandé du café grec et ses célèbres *loukoumades*.

Dans une atmosphère magique, cerné par la forêt et les sons de la nature, cet endroit est idéal pour se ressourcer et savourer un instant de plénitude gourmande. Autant vous prévenir, une seule assiette de *loukoumades* ne suffira pas !

Dans un grand saladier, mélangez la farine tamisée et la pincée de sel, puis formez un puits au centre. Mettez la levure dans un ramequin, ajoutez un peu d'eau tiède et 1 cuil. à soupe de miel, puis remuez jusqu'à ce que la levure soit entièrement délayée. Versez le mélange dans le puits au centre de la farine, ajoutez l'eau restante et remuez avec une cuillère en bois. Vous allez obtenir une pâte épaisse et collante. Couvrez-la et laissez-la gonfler dans un endroit chaud de 1 à 2 h, jusqu'à ce qu'elle ait doublé de volume.

Remplissez une casserole d'huile jusqu'à mi-hauteur et faites-la chauffer à 180 °C. Si vous n'avez pas de thermomètre, déposez un peu de pâte dans l'huile : si l'huile grésille tout de suite et que la pâte dore, cela signifie que l'huile est prête pour la cuisson.

Prélevez un peu de la pâte avec une cuillère et, à l'aide d'une autre cuillère, poussez-la dans l'huile chaude. Faites cuire quelques beignets en même temps, mais veillez à ne pas en mettre trop : l'huile refroidirait et les beignets ne cuiraient pas correctement. Les beignets sont cuits lorsqu'ils remontent à la surface de l'huile et qu'ils sont brun doré. Retirez-les délicatement de l'huile à l'aide d'une écumoire et égouttez-les sur du papier absorbant. Renouvelez l'opération jusqu'à épuisement de la pâte.

Servez chaud avec un filet de miel, des noix concassées et 1 pincée de cannelle.

HALVA À LA SEMOULE

Halvas simigdali

20 cl d'huile d'olive (vous pouvez utiliser de l'huile végétale si vous préférez)

200 g de semoule fine

200 g de semoule moyenne

140 g d'amandes effilées, grillées à sec

60 g de raisins de Smyrne (facultatif)

cannelle moulue, pour décorer

yaourt à la grecque, pour accompagner (facultatif)

POUR LE SIROP

600 g de sucre en poudre

1 bâton de cannelle

8 clous de girofle

l'écorce de 1 orange

1 morceau d'écorce de citron de la taille d'un pouce

½ cuil. à café d'extrait de vanille (ou 2 cuil. à café d'eau de rose)

Un matin, nous avons fait une halte à Gialiskari, un petit village côtier pittoresque du nord de l'île, avec ses petits bateaux dans la marina, ses pêcheurs qui nettoyaient et démêlaient leurs filets et la chapelle d'Analipsi dressée au bord de la jetée. Il était très tôt et les cafés commençaient tout juste à ouvrir. Nous sommes entrés dans l'un d'eux et le propriétaire nous a demandé si nous souhaitions grignoter quelque chose avec notre café ; il venait de faire du *halva* à la semoule et, bien entendu, nous ne nous sommes pas fait prier pour y goûter.

Cette friandise simple est souvent consommée durant le carême ou d'autres périodes de jeûne, et elle est totalement végane si vous supprimez le yaourt à la grecque. Cette recette est prévue pour douze parts et je l'ai agrémentée de raisins secs et d'amandes.

Pour le sirop, mettez 1 l d'eau et tous les ingrédients du sirop à l'exception de l'extrait de vanille dans une casserole de taille moyenne. Faites chauffer à feu moyen, en remuant jusqu'à ce que le sucre en poudre soit dissous. Laissez cuire à frémissements pendant encore 5 min. Retirez le bâton de cannelle, les clous de girofle et les écorces d'orange et de citron. Ajoutez l'extrait de vanille ou l'eau de rose, puis réservez.

Faites chauffer l'huile à feu moyen dans une casserole profonde antiadhésive. Jetez-y les deux types de semoule et remuez sans cesse avec une cuillère en bois, jusqu'à ce que le mélange prenne une belle couleur dorée. Faites bien attention lors de cette étape, car la semoule brûle facilement. Baissez un peu le feu si elle se colore trop vite. C'est grâce à cette cuisson à sec que la semoule prend une riche saveur de noisette.

Versez le sirop petit à petit sur la semoule en remuant sans cesse. Ajoutez ensuite les amandes et les raisins de Smyrne, si vous le souhaitez, et continuez de remuer. Le mélange est prêt lorsque tout le sirop a été absorbé et que la semoule a gonflé et se détache des bords de la casserole.

Versez le *halva* dans un moule d'une contenance de 1,5 l ou dans 12 moules individuels d'une contenance de 12,5 cl, en pressant le mélange avec le dos de la cuillère en bois au fur et à mesure. Cela donnera à votre *halva* une forme homogène. Laissez refroidir pendant 5 min avant de retourner le ou les *halvas* sur un plat de service. Saupoudrez de cannelle moulue.

Servez avec du yaourt à la grecque ou juste un café et un verre d'eau.

Index

abricots, Tarte à la confiture 189

amarante

Œufs et salade sauvage 78

Pickles de salade sauvage 49

Tourte à l'amarante et aux herbes d'été 137

Ragoût de légumes 94

aubergines

Aubergines farcies 101

Légumes d'été rôtis 86–87

Légumes rôtis aux œufs 83

Moussaka végétarienne 102–103

Avga me horta 78

Bamiyes me kotopoulo yiahni 170

Béchamel, sauce 102

beignets

Beignets au miel 196

Beignets de courgettes 65

Beignets de pommes de terre au fromage 66

bigorneaux, Fruits de mer à la salade sauvage 152

boissons, Citronnade maison 182

Boulettes de porc 172

Boureka me tyri 148

calamars

Calamars au vin blanc 154

Calamars grillés 156

Calamars krasates 154

Calamars psimeno 156

carottes

Dip au yaourt, à la carotte et à la menthe 43

Fricassée de haricots cornilles 117

Pois chiches au four 113

Ragoût de légumes 94

Soupe à la chèvre et aux légumes 173

Soupe de légumes 93

Soupe de poisson 165

céleri sauvage, Soupe de poisson 165

champignons

Légumes farcis 104

Pickles de champignons 58

Ragoût de champignons 96

Sauce aux champignons 102

Soupe de légumes 93

Tourte aux champignons 146

chèvre

Ragoût de chèvre 175

Soupe à la chèvre et aux légumes 173

chou, Soupe de légumes 93

Chou cavalier et pommes de terre 69

ciboules

Beignets de courgettes 65

Fruits de mer à la salade sauvage 152

Omelette aux ciboules 74

citron

Citronnade maison 182

Sauce à l'huile d'olive et au citron 159

Citronnade maison 182

Citrouille, Tourte à la citrouille 147

concombre

Dip au yaourt, à la carotte et à la menthe 43

Salade du village 22

confiture

Confiture de pétales de rose 183

Tarte à la confiture 189

cœurs d'artichauts, Soupe de légumes 93

courgettes

Beignets de courgettes 65

Courgettes frites 62

Fleurs de courgettes farcies 71

Légumes d'été rôtis 86–87

Légumes farcis 104

Légumes rôtis aux œufs 83

Ragoût de légumes 94

Soupe de légumes 93

Tarte aux courgettes 143

criste-marine, Pickles de criste-marine 55

dips

Dip à la feta et au piment 42

Dip au yaourt, à la carotte et à la menthe 43

Dip de pois cassés aux oignons caramélisés 108

Skordalia de racine de taro 46

Tarama 48

douceurs à la cuillère, Douceur de griotte à la cuillère 186

douceurs sucrées 177–199

épinards

Riz aux épinards 84

Tourte à la citrouille 147

Farcis

Aubergines farcies 101

Fleurs de courgettes farcies 71

Légumes farcis 104

Fasolia mavromatika yahni 118

Fasolia sto fourno 116

Fava 108

fenouil

Fruits de mer à la salade sauvage 152

Salade de haricots cornilles 111

Soupe de légumes 93
fenouil sauvage
Tourte à l'amarante et aux herbes d'été 137
Tourte à la salade sauvage 134–135
feta
Beignets de courgettes 65
Beignets de pommes de terre au fromage 66
Dip à la feta et au piment 42
Omelette à la tomate 77
Petits feuilletés au fromage 149
Salade du village 22
Tarte aux courgettes 143
Tourte à l'amarante et aux herbes d'été 137
Tourte à la salade sauvage 134–135
feuilletés, Petits feuilletés au fromage 148
fromage de chèvre
Fromage de chèvre maison 140
Salade de patate douce 30

Gemista louloudia kolokythakia 71
Glikopatata me gala 70
gombos, Ragoût de poulet aux gombos 170
grenade, Taboulé 28
Griottes, Douceur de griotte à la cuillère 186

Halva à la semoule 199
Halvas simigdali 199
Haricots blancs au four 116
haricots cornilles
Fricassée de haricots cornilles 117
Ragoût de haricots cornilles 118
Salade de haricots cornilles 111
Salade de *kale* 27
haricots verts
Soupe de légumes 93
Ragoût de légumes 94
Horiatiki Salata 22
Horiatiko psomi 133
horta, voir salade sauvage
Horta toursi 49
Hortopita 134–135
Hortosoupa 93
huile d'olive, sauce à l'huile d'olive et au citron 159

Imam 101

kalamata olives de, Salade du village 22
kale
Ragoût de haricots cornilles 118
Salade de *kale* 27
kathoura 140
Beignets de pommes de terre au fromage 66
Dip à la feta et au piment 42
Macaronis au pesto de feuilles sauvages 124
Tourte à la *kathoura* 142
Kathouropita 142
Katsiki kai lahanika 173
Keftethes hirino 172
Kolokassi skordalia 46
Kolokeftedes 65
Kolokithai pita 143
Kolokithakia tiganita 62
Kolokithopita 147
Kopanisti 42
Kritamo 55
Lahanika me avga 83
Lahanosalata 28
Légumes rôtis aux œufs 83
levain, Pain au levain 128–129
Loukoumades 196

macaronis
Macaronis au pesto de feuilles sauvages 124
Macaronis maison 123
Mageirio 94
Makaronia 123
Makaronia me horta pesto 124
Manitaria toursi 58
Manitaria yiahni 96
Manitariapita 146
Mavrolahano salata 27
Mavromatika fasolia salata 111
mezze 42, 49, 58, 59, 65, 66, 70, 172
miel 194
Beignets au miel 196
Yaourt au miel et au tahin 178
Moussaka végétarienne 102–103
Moussaka me lahanika 102–103
muscari à toupet, Pickles de muscari à toupet 59

œufs
Légumes rôtis aux œufs 83
Œufs et salade sauvage 78
Omelette à la tomate 77
Omelette aux ciboules 74
oignons
Aubergines farcies 101
Dip de pois cassés aux oignons caramélisés 108
Légumes d'été rôtis 86–87
Légumes farcis 104
Légumes rôtis aux œufs 83
Oignons caramélisés 108
Ragoût de chèvre 175

Tourte à la *kathoura* 142
Tourte à la salade sauvage 134–135
Tourte aux champignons 146
oignons grelots, Calamars au vin blanc 154
Omeletta me freska kremidakia 74
Omeletta me tomata 77
omelettes
Omelette aux ciboules 74
Omelette à la tomate 77
orange, Tarte de pâte filo à l'orange et au sirop 190

panayiri 13, 88–91, 167
pain
Pain au levain 128–129
Pain de campagne 133
palourdes, Fruits de mer à la salade sauvage 152
patates douces
Patate douce au lait 70
Salade de patate douce 30
pâte
Pâte filo 134–135
Tarte à la confiture 189
voir aussi tartes
pâtes
Macaronis au pesto de feuilles sauvages 124
Macaronis maison 123
Patatokeftedes 66
Patatosalata 38
pesto, Macaronis au pesto de feuilles sauvages 124
Petits feuilletés au fromage 148
pickles
Pickles de champignons 58
Pickles de criste-marine 55
Pickles de muscari à toupet 59
Pickles de salade sauvage 49
piment, Dip à la feta et au piment 42
pissenlits 49, 94
Pita me vlita 137
poireaux
Fruits de mer à la salade sauvage 152
Soupe de légumes 93
Tourte à la salade sauvage 134–135
pois cassés, Dip de pois cassés aux oignons caramélisés 108
Pois chiches au four 113
pois du Cap
Haricots blancs au four 116
Skordalia 48
poisson
Poisson frit 160
Poisson grillé 160
Soupe de poisson 165
poivrons
Légumes d'été rôtis 86–87
Salade du village 22
Tourte à la *kathoura* 142
poivrons longs
Légumes farcis 104
Légumes rôtis aux œufs 83
Ragoût de légumes 94
pommes de terre
Beignets de pommes de terre au fromage 66
Chou cavalier et pommes de terre 69
Légumes d'été rôtis 86–87
Légumes farcis 104
Légumes rôtis aux œufs 83
Moussaka végétarienne 102–103
Ragoût de légumes 94
Ragoût de poulet aux gombos 170
Salade de pommes de terre 38
Soupe à la chèvre et aux légumes 173
Soupe de légumes 93
Soupe de poisson 165
Tarama 48
porc, Boulettes de porc 172
Portokalopita 190
poulet, Ragoût de poulet aux gombos 170
Prasino kolaro me patates 69
produits de la mer
Calamars au vin blanc 154
Calamars grillés 156
Fruits de mer à la salade sauvage 152
Poisson frit 160
Sardines grillées à l'huile d'olive et au citron 159
Soupe de poisson 165
Psari tiganito 160
Psarosoupa avgocitrono 165
Psita revithia 113
Psomi mayias 128–129

racine de taro
Salade de racine de taro 37
Skordalia de racine de taro 46
radikia 49
riz
Fleurs de courgettes farcies 71
Légumes farcis 104
Riz au lait 181
Riz aux épinards 84
Rizogalo 181
roquette
Salade de pommes de terre 38
Salade de patate douce 30
rose, Confiture de pétales de rose 183

salades 20–39
Salade de haricots cornilles 111
Salade de *kale* 27
Salade de patate douce 30
Salade de pommes de terre 38

Salade de racine de taro 37
Salade du village 22
Taboulé 28
salade sauvage
Fruits de mer à la salade sauvage 152
Macaronis au pesto de feuilles sauvages 124
Œufs et salade sauvage 78
Pickles de salade sauvage 49
Tourte à la salade sauvage 134–135
Salata glikia patata 30
Salata kolokassi 37
Salata tabouli 37
Sardella stin skara me ladocitrono 159
sardines, Sardines grillées à l'huile d'olive et au citron 159
sauces
Sauce à l'huile d'olive et au citron 159
Sauce aux champignons 102
Sauce Béchamel 102
Saumure 55
semoule, *Halva* à la semoule 199
skordalia, Kolokassi skordalia 46
Soufico 86–87
soupe
Soupe à la chèvre et aux légumes 173
Soupe de légumes 93
Soupe de poisson 165
sources chaudes 168
Spanakorizo 84
Spitiki citronada 182

ragoûts
Ragoût de champignons 96
Ragoût de chèvre 175
Ragoût de haricots cornilles 118
Ragoût de légumes 94
Ragoût de poulet aux gombos 170
Stifado katsiki 175
Stifado mavromatika 117

tahin, Yaourt au miel et au tahin 178
Tarama 48
Taramosalata 48
Tarta me marmelada 189
tartes
Petits feuilletés au fromage 148
Tarte aux courgettes 143
Tarte de pâte filo à l'orange et au sirop 190
Tourte à l'amarante et aux herbes d'été 137
Tourte à la citrouille 147
Tourte à la *kathoura* 142
Tourte à la salade sauvage 134–135
Tourte aux champignons 146
Thalassina me horta 152
tomates
Aubergines farcies 101
Calamars au vin blanc 154
Chou cavalier et pommes de terre 69
Fleurs de courgettes farcies 71
Fricassée de haricots cornilles 117
Haricots blancs au four 116
Légumes d'été rôtis 86–87
Légumes rôtis aux œufs 83
Omelette à la tomate 77
Pois chiches au four 113
Ragoût de champignons 96
Ragoût de haricots cornilles 118
Ragoût de légumes 94
Ragoût de poulet aux gombos 170
Salade du village 22
Soupe de légumes 93
Taboulé 28
Triantafylla marmelada 183
Tzatziki 43

viande 172–175
Visino glyko tou koutaliou 186
vlita 49, 78, 137
Volvoi toursi 59

yaourt
Dip au yaourt, à la carotte et à la menthe 43
Yaourt au miel et au tahin 178
Yemista Lahanika 104
Yiaourti me meli kai tahin 178

REMERCIEMENTS

Un immense merci à l'équipe de Hardie Grant, qui m'a aidée à donner vie à ce livre.

À Jane Willson, mon éditrice, merci de m'avoir donné ma chance et offert ta vision, et de ton soutien, merci d'avoir cru en moi. Merci pour tout.

À Lean Timms pour tes photos sublimes. Tu as capturé des moments clés et fait de mon rêve une réalité. Je suis heureuse et reconnaissante d'avoir travaillé avec toi.

À Stephanie Stamatis, ma styliste, pour ta vision créative et ta minutie dans la mise en scène de mes recettes. Cela a été un pur bonheur de travailler avec toi.

À ma fille, Sarah, pour t'être relevé les manches pour m'aider à la cuisine, courir au marché chercher des ingrédients et m'apaiser durant les shootings, toujours avec enthousiasme et amour — merci.

À Allison Hiew, Emily Hart et Joanna Wong, pour votre travail éditorial minutieux : c'est grâce à vous que ce livre est une pépite.

À Vanessa Masci, pour ta créativité, ta passion et ton talent graphique. Ce livre est magnifique grâce à toi.

À Tessa Kiros, pour tes encouragements constants, ton soutien et ton inspiration. Pour les innombrables discussions autour d'un café, d'un apéritif ou d'un repas. Merci d'avoir rédigé la préface ; je garderai toujours en mémoire nos moments passés ensemble à Ikaría — de beaux souvenirs. Du fond du cœur, Tessa, merci pour tout.

À tous les gens si spéciaux rencontrés à Ikaría, merci de m'avoir accueillie chez vous à bras ouverts. Vous êtes ma famille et je vous serai à jamais reconnaissante.

À Thea et Ilias Parikos, merci de m'avoir accueillie chaleureusement et de m'avoir fait découvrir votre Ikaría. Merci, surtout, pour votre amitié.

À Athina, pour m'avoir invitée dans votre cuisine : c'était un honneur de cuisiner avec vous, vous resterez à jamais dans mon cœur.

À Thea's Inn et Cavos Bay pour vos cuisines, vos jardins et votre soutien lors de la préparation et des prises de vue des plats.

À ma famille — Steven, Mel, Ben, Cate, Rob, Emilio, Bec, Paul, Isy, Lachie, Sarah et Dave — pour vos encouragements, votre soutien et votre amour. Merci du fond du cœur.

À PROPOS DE L'AUTRICE

menivalle.com.au

Meni Valle est née en Australie de parents grecs. Son riche héritage culturel ainsi que sa passion pour le voyage et la cuisine l'ont amenée à faire carrière dans la gastronomie. Meni est professeure de cuisine et autrice de livres culinaires. En Australie, c'est une sommité en matière de cuisine méditerranéenne.

Lorsqu'elle n'ést pas en train d'écrire des livres, Meni fait partager sa connaissance et son amour de la cuisine grecque au travers d'ateliers de cuisine ou de séjours culinaires en Grèce. Là-bas, elle aime aller à la rencontre des habitants et découvrir de nouvelles recettes. Elle participe par ailleurs souvent à des salons et à des conférences, et elle écrit des articles pour des magazines.

Meni vit à Melbourne avec sa famille. Elle s'est rendue à Ikaría pour la première fois en 2017 et elle y retourne désormais chaque année.

Publié pour la première fois en Angleterre en 2020
sous le titre *Ikaria* par Hardie Grant Books, une maison
du groupe Hardie Grant Publishing

58, rue Jean Bleuzen – 92178 Vanves Cedex

Direction éditoriale : Catherine Saunier-Talec
Responsable éditoriale : Lisa Grall
Édition : Pauline Bécet
Responsable artistique : Cecilia Rehbinder
Traduction et mise en page : Anne-Laure Estèves
Relecture : Marie-Ève Foutieau
Fabrication : Amélie Latsch
Responsable partenariats : Dana Lichiardopol-George
(dlichiardopol@hachette-livre.fr)
Responsable communication : Johanna Rodrigues-Faitot
(jrodrigue@hachette-livre.fr)

Dépôt légal : juin 2022
ISBN : 978-2-01-716836-2
66-0721-0
Imprimé en Chine

www.hachette-pratique.com